euro

システム危機の歴史的位相

ユーロとドルの危機が問いかけるもの

矢後和彦 編

dollar

システム危機の歴史的位相

――ユーロとドルの危機が問いかけるもの――

序　文

――危機を論ずるということ――

小野塚　知二

「危機」の用語法

　「危機」という言葉にはさまざまな使われ方がある。たとえば、話題を提供して目立ちたがる者は好んでこの言葉を口にする。話題性としての「危機」である。ただし、こうした「危機」は濫用すれば、「狼が来た」を連発したイソップ寓話の少年のように、効果が薄れるばかりか逆効果すら発揮する。単なる話題提供ならかわいいのだが、「危機」と「改革」の課題が抱き合わせで連呼されることがあるのを、われわれはいやというほど見せられてきた。それは多くの場合、政治的、経済的な権力を握る者たちが「負担」や「痛み」を民衆に分け持たせようとする際に特徴的に見られる言説である。いわば、押し付けとしての「危機」である。

　また、現状には本質的な不安定性や本来的な不完全性が潜んでいると考える者は、それが顕現する瞬間を期待する。期待としての「危機」である。ここでは、危機の発生は、現状をそのように解釈する理論や信仰の正しさの証明でもある。

　いずれの場合も「危機」の言説は安売りされやすい。政治経済学・経済史学会には、土地制度史学会以来、単なる話題性としての「危機」の言説を唱える者はまずいなかったと思われるし、そもそも本学会は、話題を提供し、目立つ

事ばかりを目指してきたわけではない。また、本学会に押し付けとしての「危機」を峻拒する者はいても、それに与する者はいなかった。だが、期待としての「危機」の言説についていうなら、資本主義経済の不安定性や市場経済の不完全性という仕方で、「危機」を唱えたがる方が本学会に多かったのは事実であろう。

　本学会のそうした営為を、それが「万年危機論（everlasting crisis theory）」であるがゆえに放棄すべきだと精算主義的に扱うのが非学問的な営為であることは間違いないとしても、「万年危機論」を唱え続ければいずれ本当に危機が顕現して自らの正しさが証明されると構えるのも学問的には無益な態度であろう。

　本書が目指すのは、また、その元となった政治経済学・経済史学会の2012年春季総合研究会が目指したのは、こうした危機論の焼き直しではない。本書は、危機論の陥りやすいこうした隘路に活を見出そうとする真剣な試みである。

　なぜ、それが真剣な試みなのかというと、危機とはそもそもどのような事態かという本質的な問いを帯びているからである。現状は危機的なのか否かを、「システム危機」という概念を仮設することにより、問い、もし危機であるとするなら、いかなる意味において現状は危機であるか、すなわち、危機認定の基準をいまいちど明晰にしようという志向性を強く自覚しているのが本書の大きな特徴である。

　その成否の見きわめは読者に委ねるとして、もう少し「危機論」を論じてみよう。

危機を危機たらしめる要因

　咳やくしゃみ、頭痛、発熱などの症状を呈する60歳の者に対して、それらの症状ゆえに逐一病であると診断し、処方箋を書き、治療しようとする医師と、そうしたもろもろの症状はありながらも、患者に対して、「あなたはこの

序　文　危機を論ずるということ

40年間働き続け、多くの成果を生み出し、人々に喜びと恩恵を与えてきたのだし、一日二日休んでその症状が治まればまたばりばりと働くことができるのだから、大した病気ではありません。まあ、よしとしましょう」と、多少の不安定や不都合、不快があっても総じて健やかであると診立てる医師との間では、病の診断基準が全く異なる。さらに、もうお歳なのだから多少の不都合は我慢して、しかし無理なさらずに長生きなさってくださいという医師がいても不思議ではない。

　同じ患者の症状のみを診て、診断にこれほどの差が出ることは充分にありうるのだが、その差は、同じ対象を観察して、期待された健やかな状態か否かを判断して危機の有無を、あるいは期待された健やかな状態からの隔たりを計測して危機の程度を、確定する際の基準の差である。患者の客観的な状態だけが「危機」か否かを決定しているのではなく、診断者の側にも「危機」の決定要因はある。症状が一義的に診断を導き出すわけではなく、そこにはあるべき状態、あるべきではない状態に関する思想や価値観が作用せざるをえない。したがって、医療の実践においては、診断基準をできる限り客観化して統一することがしばしば目指されるのだが、経済学や歴史学では認識にこれくらいの差が出ざるをえないとあきらめるしかないのだろうか。いますこし、危機の論じられ方について考えてみよう。

　ここで、咳や頭痛などのわずかな症状も見逃さずに病と認定して治療しようとする医師は、期待された健やかな状態の基準が非常に高いと同時に、そうであるがゆえに、わずかな症状もそこからの逸脱として危険視する、すなわち病気を発見したがる傾向があるということに注意する必要がある。資本主義経済の精妙な運動法則を認識した者が危機を発見したがるのと同じことである。逆に、多少の症状を観察しても、それまでの経緯と全体的な状況から「大した病気ではありません」と診断する医師にとって、期待された健やかな状態の基準はそれほど厳格ではなく、それゆえに滅多なことでは病気を発見したがらない傾向がある。

　資本主義や市場経済、あるいは産業社会、市民社会、福祉国家、生活保障シ

v

ステム、あるいは中央・地方の財政は、いつも一定の健やかな状態を維持し続けてきたわけではない。そこには常に何らかの症状が観察されてきた。その症状をいかに診断するか、それらの間に潜む差は、単に診断技術の差だけでなく、診断する者の思想や価値観の差も抜きがたく作用してきたと考えなければならないだろう。危機論の論点は、診断の精度や技術だけではなく、診断基準を導く思想にも、発見できそうである。

危機論の2つの相

　危機論には、危機の発現する時間的な相と、危機後の代替策や後継者の有無に関わる相とがある。時間的な相に注目して危機論を分類するなら、本書第1章が整理するように、1回限りの終末的な破局（catastrophe）を意味する危機と、循環的・周期的な変化の中の一コマ（とその繰り返しを通じた変化）に注目する危機とがある。第1章が依拠する山下範久「『長期』とはどれくらい長いのか——資本主義を再歴史化する」[1]によれば、前者がネオ・ポランニアン的な危機論であり、後者がネオ・ブローデリアン的な危機論に当たる。
　ここで、終末的な破局というのがいかなる事態なのかは、実は明晰ではない。その第1の理由は記録の残り方にある。人類はおそらくこれまでに何度も終末を経験しているのであろうが、その内在的な記録は残りにくく、外的な観察や伝聞ばかりが残りがちである。たとえば、古代シュメール文明やイースター島の巨石文明は終末の記録を自ら残していないし、弾圧されて焼き尽くされた異端や「魔女」たちの例も同様であろう。近現代の200年間に消滅した少数言語社会も自らの終末の記録を残した例は稀である。
　終末が明晰でない第2の理由は、語のいかなる意味においても終末とみなしうる事例がそもそもほとんどないことにある。たとえば、第1次世界大戦の勃発も、1930年代の大恐慌も、確かに危機的な出来事であったには相違ないが、それによって何が終末を迎えたのかは必ずしも明瞭ではない。第1次世界大戦

序　文　危機を論ずるということ

中および直後に、ローマの末裔たる4つの帝国は崩壊しているが、それはその地域の人々と生活が完全に滅亡したことを意味しないばかりか、新たな社会の始点ともなっている。第1次世界大戦前に構築されていた高度に相互依存的な世界経済は、確かに大戦の勃発によって分断され、それは戦後も、また現在にいたるまで完全には回復せず、「グローバル経済」は何らかのインバランスを内包する仕方でしか実現していない。この意味で第1次世界大戦は、S・B・ソウルが多角的決済機構と呼んだ円滑かつ円満な世界の経済的連関に破局的終末をもたらしはしたが、それで世界の経済活動が停止したわけではないし、資本主義、市場経済、産業社会が根本的に立ち行かなくなったわけでもない。通俗的な終末思想が夢想するような破局はなかなか顕現しないのである。

　逆に、揺れを繰り返して気づいたら別の世界に転じていたというネオ・ブローデリアンの発想は、一見、非歴史的なお気楽な物語のように映るが、それは必ずしも安穏な過程とばかりはいえない。繰り返される揺れの過程で蓄積される摩滅や喪失は、ひとびとの生と関係と価値観に不可逆的な変化をもたらし、正義感や勤労意欲を着実に衰滅させるだろう。また、振動が発散して構造そのものを破壊する事態——工学的にはフラッターやバフェッティングに起因する構造破壊——も想定しうる。かつてマルクス主義の一部に見られた「恐慌から内乱、革命へ」という危機待望論は、経済・社会・政治の発散振動によって資本主義の強固なシステムが壊滅することを夢見る発想であった。

代わりうるものの有無

　危機論はこうした時間的な相のみで分類し尽くすことができるわけではない。
　ひとりの人の生物としての機能が滅びようとしている状態に接して、残されて今後も生き続けなければならぬ者たちは、その者の生死のみに心を奪われるわけにはいかない。死に行く者の果たしてきた機能——成果を生み出し、他者に喜びや恩恵を与える力——を代わりに果たす者がすでに用意されているのな

ら、去り行く者への哀惜はあっても、世代交代の定めと甘受することもできよう。ところが、後継者の見つからぬままに死の床にある者を診るのはまったく別の問題であろう。同様に、生命維持のさまざまな手段を駆使して、どうにかこうにかその者を生き永えさせ、その最低限の機能を果たし続ける事ができるのと、できないのとでも大きな差がある。生命と機能を維持することが可能な状態なのか、そうではなく、否応なく死滅が早晩訪れる状態なのかによっても「危機感」の程度と質はまったく異なるものにならざるをえない。

つまり、「危機」を決定するのは、患者の状態と診断者の思想だけではない。さらに、後継者や代替手段や延命手段の利用可能性にも危機認識は依存せざるをえない。実は第1次世界大戦や大恐慌という破局が必ずしも終末を意味しなかったのは、経済・社会の組織化という代替措置や延命手段が、しばしば暴力的な仕方ではあったにせよ、利用可能であったからにほかならない。第1次大戦期の組織化は当初から計画された事態ではなく、多分に泥縄的な過程ではあったが、それでも、高度に相互依存的な世界経済が引き裂かれた後に、イギリスとドイツは相互に相手を経済的に窒息させ、飢えさせる戦いを足かけ5年間も闘いうる程に、それは効果的に機能した。

では、現在、こうした代替措置や延命手段の利用可能性はどれほどあるのだろうか。危機は、代わりうるものの有無という相においても論じられなければならないだろう。

現下のユーロとドルの危機の後の積極的な展望はおよそ切り拓けないとしても、余っているところから足りないところに貨幣を融通し続けることでいまの状態を延命させることができる限り、それは真の危機ではないということもできる。では、それは健康な状態なのだろうか。これも危機論の現在が避けられない問いである。

本書が提起する「システム危機」とは、危機論を流動性の供給問題に矮小化しない意図の表出でもある。なりふりかまわぬ国家資金の供給と国有化（にわか共産主義的な事態）や国際協調を通じた大規模な資金投入によって金融破綻が回避されている背後で、何が脅かされ、不可逆的な危機に曝されているのか

序　文　危機を論ずるということ

までを見透かそうとするのが、本書の編者・筆者の目論見である。

　筆者はかつて、この代わりうるものの有無という論点について、現在はそれが存在しないという点で、史上希な事態、すなわち危機的であるとの認識を示したことがある。古典的自由主義の社会設計には回帰できないが、介入的自由主義には根本的な忌避感が拭い去れず、しかしネオ・リベラリズムではそもそも社会を観念的にすら再構成できないのだが、第3の道は明示的には存在していないのである。「100年に1度の危機」という言葉も、百年前の転換を可能にした代替策――すなわち、介入的自由主義の政策思想、組織化の政策手段、「弱く劣った人間」を幸福へ誘導するという人間観――の存在との対比においてこそ論ずべきではないだろうか。

本書の成り立ちと春季総合研究会の性格

　本書はこのように、危機とは何かという本質的な問いとともに現在を、歴史的にも理論的にも俯瞰しようとする試みである。第1章で本書の成立にいたる経緯は示されているので、ここでは、政治経済学・経済史学会の春季総合研究会の性格と、その成果刊行物についてひとこと申し述べることにしよう。

　春季総合研究会は、秋季学術大会とともに、土地制度史学会以来の本学会の学問的な行事である。1960年の「土地所有の段階と地代形態」に始まり、本書に結実した2012年は53回目に当たる。

　春季総合研究会は、多くの場合、現在進行形の経済・社会・農業問題、隣接諸科学と関連する論点、古典の読み直しなど、柔軟かつ相対的に身軽に研究会の企画を組むことで多くの方々の議論と関心を喚起してきた。また、こうした柔軟かつ身軽な企画ゆえに、本学会が社会に向けて発信する重要な機会と位置づけ、近年では成果の刊行事業も積極的に推進しており、現在までに2006年、2008年、2009年、2010年の成果がすでに刊行されており、本書が5冊目となる。2011年の成果刊行も計画中と聞き及んでいる。

ix

「危機」は土地制度史学会にとって重要な概念で、春秋の企画では以下のように「危機」を扱ってきた。1961年秋季共通論題「農業危機の現段階的性格」、65年秋季共通論題「農業の再生産構造基盤における危機の要因——戦後「大不況期」段階における」、68年春季「全般的危機第二段階における基本的矛盾」、69年秋季共通論題「19世紀末大不況の世界史的段階と基本構成——全般的危機の諸段階を展望して」、80年秋季共通論題「危機の現局面における矛盾の発現形態」、82年秋季共通論題「危機の現局面における三層格差構造」、86年春季「1970年代以降における国際通貨・金融危機の構造」、88年春季「国際通貨・金融危機の現局面」、88年秋季共通論題「1980年代『農業危機』の構造」、92年秋季共通論題「世界的な農業再編と日本農業の危機」、2009年春季「"世界金融危機"の歴史的位相」、2009年秋季共通論題「1930年代における経済政策思想の転換——危機下の社会問題を視点として」、そして2012年の「システム危機の歴史的位相——ユーロとドルの危機が問いかけるもの」である。こうして並べて見るとただちにわかるのは、意外なことに、資本主義の全般的危機をそのものとして扱った企画は1968年春季、69年秋季、80年秋季、82年秋季の4回だけで、それ以外は、農業危機や通貨・金融危機など特定の領域に限定して「危機」を論じてきたということである。資本主義の全般的危機をいかに考究しても資本主義は一向に終焉に向かわず、むしろ社会主義体制や労働運動が退潮する中で、「全般的危機」概念の有効性が低下し、「危機」概念は個々の領域の現象を具体的に認識する際の補助的な道具に役割を変えたのである。他方で2009年の春および秋の企画のように、危機を歴史の問題として認識し直そうとする志向性が現れているのも新しい特徴である。

　今回の春季総合研究会の企画は、ユーロの危機的状況を手がかりにしながらも、金融通貨問題にとどまらず、「システム危機」なる新たな概念を提示して、より総合的な危機論を目指すという点で、本学会の原点を考え直す好機となった。殊に、第1章末尾で編者が山之内靖氏の「システム社会」概念を下敷きにして注意を喚起しているとおり、農業、通貨金融などの物象的関連だけでなく、社会に流通している価値規範や意識形態に注目しなければ、危機克服の可

能性や方向性が見えないだけでなく、危機の在りかすら判然としないという発想が、本書を危機論の真剣な試みに導いているはずである。

　本書をきっかけにして、現下の状況とそれを解明しようとする学問的営為の双方について実り多い議論の沸き起こることを期待したい。

目　次

序　文——危機を論ずるということ　iii

小野塚　知二

　「危機」の用語法　iii
　危機を危機たらしめる要因　iv
　危機論の２つの相　vi
　代わりうるものの有無　vii
　本書の成り立ちと春季総合研究会の性格　ix

問題の開示——金融危機、グローバル経済、現代国家　1

増田　正人

はじめに　1
1. 危機の内容、構造をどうとらえるのか？　1
　　(1) インバランスの中でも成長するグローバル経済の現局面は「危機」といえるのか？　1
　　(2) 「システム危機」の基本的構図　3
2. 危機の諸相をどうみるか？　4
　　(1) 金融と金融危機の側面　4
　　(2) グローバル経済の側面　5
　　(3) 経済思想と国家のあり方の側面　7

第1章　問題提起――本当に「危機」なのか、本当の「危機」はどこにあるのか　9

矢後　和彦

はじめに　9

第1節　金融危機の歴史と現在――「世界金融危機の歴史的位相」再訪　11

第2節　「歴史的位相」をみるための方法論――1次資料の重要性　13

第3節　物価安定と「マクロ・プルーデンス」
　　　　――「自由」と「規制」の二分法を超えて　15

第4節　ユーロはどこに向かうか――危機のメカニズムと深層　17

むすびにかえて――土地制度史学会の方法的遺産はいかに継承されるべきか　22

第2章　産業危機とヨーロッパ統合――フランス政府の危機対応戦略　25

石山　幸彦

はじめに　25

第1節　戦後のフランス政府による危機対応とヨーロッパ統合の開始　28

　1. 戦後危機とシューマン・プラン　28

　2. 石炭鉄鋼共同体による石炭共同市場開設　30

第2節　石炭危機への対応　32

　1. 共同市場開設に伴う救済措置　32

　2. 「危機宣言」をめぐって　35

　3. パリ条約第56条の改正　36

第3節　オイル・ショックと鉄鋼危機への対応　39

　1. シモネ・プラン　39

　2. ダヴィニョン・プラン　41

　3. フランス政府の対応　44

おわりに　46

目　次

第3章　ユーロ危機とイギリス──通貨統合不参加の背景と影響　49

菅原　歩

はじめに　49

第1節　イギリスのユーロ不参加の要因　52
　1.　イギリス・EU関係史　52
　2.　通貨統合不参加の要因　53

第2節　ユーロ危機へのイギリスの対応　55
　1.　非ユーロのEU国、非EU国　55
　2.　ユーロ危機への対応　56

第3節　イギリスの対外経済関係　59

第4節　通貨統合不参加の影響──フリーハンドの効果　65

第5節　2010年末からの景気悪化　68

おわりに　72

第4章　アメリカの対外経済政策と成長モデル　75

大橋　陽

はじめに　75

第1節　アメリカの経常収支赤字とグローバル・インバランス　76

第2節　経常収支赤字のとらえ方の「ゆれ」と成長モデル　79
　1.　ドル高政策期　80
　　（1）クリントン政権初期の「輸出行動主義」　80
　　（2）ドル高政策期の経常収支赤字認識と成長モデル　81
　2.　グローバル・インバランス期　84
　　（1）グローバル・インバランス期の経常収支赤字認識　84
　　（2）バーナンキの「世界的貯蓄過剰」論　85
　　（3）グローバル・インバランス期の成長モデル　87

（4）グローバル・インバランス期の所得不平等拡大　88
　　2.「危機」後　89
　第3節　「強いドルは国益に適う」のか　91
　　1. 新ブレトンウッズ体制論　92
　　2. 対外資産負債残高の「評価効果」　93
　おわりに　100

第5章　グローバル危機と東アジア経済圏　103

　　　　　　　　　　　　　　　　　　　　　　　　金子　文夫

　はじめに　103
　第1節　グローバル危機と東アジア――影響と対応　104
　　1. グローバル危機の影響　104
　　　（1）実質GDP成長率　104
　　　（2）資本移動――為替、外貨準備　106
　　　（3）貿易動向　109
　　2. グローバル危機への対応――地域経済圏の役割　109
　第2節　20世紀後半における東アジア経済圏の編成　111
　　1. 米日主導の枠組み形成　111
　　2. 地域経済圏における資本移動と貿易動向　112
　第3節　東アジア経済圏の現段階（20世紀末～21世紀初頭）　121
　　1. 画期としての1990年代　121
　　2. 東アジア経済圏の再編　124
　　3. 協力と対抗の構図　126
　　　（1）東アジアにおけるFTAネットワークの形成　126
　　　（2）通貨金融協力の進展　128
　　4. 東アジア経済圏の歴史的位相――むすびにかえて　134

目 次

あとがき 157　　　　　　　　　　　　　　　　　　　松本　武祝

付録　大会の記録──「会報」政治経済学・経済史学会2012年度春季総合研究会報告
　　　システム危機の歴史的位相──ユーロとドルの危機が問いかけるもの　162
　　　　　　　　　　　　　　　　　　　　　　　記録者　坂東　義徳
　　　　　　　　　　　　　　　　　　　　　　　　　　　杉山 遼太郎

問題の開示

―― 金融危機、グローバル経済、現代国家 ――

増田　正人

はじめに

　以下の問題開示は、各論文の内容に対する個別的な論点に対するものというよりも、システム危機の歴史的位相というテーマに即して、各論文がどのように考えているのかを質すというような視角から行いたいと考えている。そのため、まず、危機の内容、構造をどうとらえるのかという点からこの問題を論じていきたい。その上で、危機の3つの側面、①金融と金融危機、②グローバル経済、③経済思想と国家のあり方という3つの視角から、それぞれの論文に対して論点を提起していきたい。

1. 危機の内容、構造をどうとらえるのか？

（1）インバランスの中でも成長するグローバル経済の現局面は「危機」といえるのか？

　まず、今回のテーマにかかわって、はたして現局面は「危機」と規定できるようなものなのか、が問われなければならない。仮に「危機」といえるとする

ならば、なぜ危機とみなせるのか、そして、危機の内容または構造をどのように規定しているのかを示していくことが求められる。個々の論点に入る前に、大きな論点を明確にしたい。

確かに、2008年のリーマン・ショックを契機にした世界金融危機は、「100年に1度」と形容されるような状況を生み出したが、かつてないほどの規模で財政金融政策を動員することによって、2010年には急激な回復を見せている。現時点においては、金融危機の背景となったいわゆるグローバル・インバランスが存在しているにしても、世界経済の実質経済成長率は決して低いとはいえない状況にある。世界経済の実質経済成長率は、2010年4.1%（先進国3%、途上国7.4%）に回復し、その後2011年2.7%（先1.6%、途6.1%）、2012年2.5%（先1.4%、途5.3%）へと低下をしてきているが、決して停滞しているわけではなく、発展途上国においては5〜6%を超える高い経済成長を続けている。

もちろん、先進国では、製造業の縮小・空洞化の問題に直面し、国内の中間層を支えてきた安定的雇用の縮小が進み、所得・資産の二極化も進行しており、経済成長率の鈍化の中で、財政支出への依存が進み、債務の拡大と財政危機が深刻化してきている。しかし、こうした先進国の状況のみに焦点を当てて「システム危機」とみなせるだろうか。

2000年代以降のグローバル経済の特徴は、先進国は世界経済の平均成長率よりも低く、発展途上国は高いということにあり、停滞する先進国と急成長する発展途上国とがメダルの裏表になっている点にある。現代のグローバル経済は、発展途上国、特に、中国をはじめとする東アジアの国々の経済成長を生み出す条件を形作っており、先進国の経済状況だけをみて「危機」とみなすことはできないと思われる。

また、先進国の経済に焦点を当ててみても、歴史的に例をみない規模の流動性の供給によって、世界金融恐慌の深刻化は回避できたという「教訓」を生んでいる。国家と中央銀行の公的信用に依拠することで、金融市場の危機的状況は収まりつつあり、欧米諸国では、2012年には平均株価がリーマン・ショッ

ク以前の株価まで回復してきている。現代の資本主義は、適切な経済政策を行えば、恐慌という急激な不均衡の是正（価値破壊）の回避が実現でき、時間をかけて経済的不均衡を是正すればよいという見方も生まれてきた。しかしながら、こうした形式の金融危機の克服は、危機の繰り延べであり、次のより大きな危機を生む条件を生み出すにすぎない単なる一時しのぎにすぎないのかもしれない。「システム危機」の定義を取り上げる矢後論文をはじめとして、各論文からはこうした点についての基本的な認識を読み取りたい。

(2)「システム危機」の基本的構図

筆者は、グローバル経済におけるシステム危機の構図を以下のように考えている。基本的には、1990年代以降に蓄積されてきたグローバル・インバランスの拡大を基礎に、世界金融危機が発生し、現状は危機に対する政策的対応のもとで一定の回復をしてきているというものであるが、危機を生み出したグローバル・インバランスの構造は全く変わっておらず、金融面においてのみ危機が繰り延べられているというものである。地球環境や資源制約、エネルギー多消費型の経済成長至上主義の見直しの問題など、危機対応の中で顧みられなくなった問題は深刻化さえしてきている。

世界金融危機または国際経済体制の危機という側面では、アメリカの住宅バブルの崩壊を機に世界各国へと波及していったが、結果的には、アメリカの公信用への依存と新興国の高成長によって一定の「回復」をすることになる。もちろん、それは大橋論文の指摘にあるようにグローバル・インバランスⅡという秩序としての回復にすぎない。欧州の危機についてみれば、福祉国家からの市場に依拠した改革のEUにおける行き詰まりと理解しているが、金融危機の形式としてみれば、銀行危機と国家の財政危機との組み合わせにすぎないと考えている。形式的に評価すれば、周辺国の通貨・金融危機と同じ構造であり、1990年代後半以降では、日常の姿の1つにすぎない。もちろん、欧州連合の拡大深化とユーロの導入という下で、財政と金融の分離という構造的問題を持つにしても、それは欧州の統合をより進める方向の中で克服可能な問題である

と思われる。この問題については、第2章の石山論文で解明していただきたい。

　他方で、中国をはじめとする新興国の高成長については、深刻化する先進国の低成長の下で、先進諸国による在外調達が拡大することによって新興国の成長が促進されるという側面も強まっているが、従来と同様には、先進国向けの輸出増が維持される状況ではなくなっている。新興諸国は輸出依存からの脱却を目指して内需の拡大策を積極的に行っているが、先進諸国向けの輸出の停滞の下でも経済成長が可能かどうかは難しい課題である。仮に、中国やインドなどのアジア諸国、ラテンアメリカ諸国でそうした内需主導型の高成長が持続可能であれば、「システム危機」は単なる先進国に固有の問題にすぎず、グローバル経済の成長の軸点の移動の下で生じている問題にすぎないことになろう。この問題については、金子論文の分析をふまえて考えたい。

2. 危機の諸相をどうみるか？

　以下では、各論文で取り上げる個々の論点に限定することはせずに、①金融と金融危機の側面、②グローバル経済の側面、③経済思想と国家の役割の側面という視角から立ち入って論点を示すこととする。

(1) 金融と金融危機の側面
　まず、金融と金融危機の側面からであるが、今回の金融危機は、巨額の投機資本（とその蓄積）と公的信用に寄生した投機行為のモラルハザードに基づくものとみなせるものであり、危機の克服の仕方もそうした投機行為をさらに促進するものになっている。国際金融システムは、「大きくてつぶせない（too big to fail）」規模の大手金融機関に依拠しているがゆえに、大手金融機関の経営危機は国際金融危機へと速やかに転化してきた。1980年代の累積債務危機、1990年代の通貨危機、LTCMの破たん、2000年代のサブプライム危機など、現代は金融危機の連鎖の時代である。しかし、冷静に考えれば、それは金融が

問題の開示——金融危機、グローバル経済、現代国家

持つ本来的な不安定性の下で、国際的な投機の場が設定されていることと、その不安定性ゆえの大規模な公的信用の動員可能性とを併せ持つゆえに発生している。金融危機が発生して巨額の損失が生じても、この公信用を動員できるという条件があるゆえに、金融投機は拡大を続けることができるからである。それゆえ、金融システムを維持するという観点からみれば、規模を拡大しながら繰り返し発生する危機を抑え込めるかどうかの問題は、危機に際して「最後の貸し手」機能を発揮できるかどうかにあることになる。したがって、諸国家、EUなどの地域的機構、IMFという国際機関、国際通貨国としてのアメリカなど、それぞれのレベルにおいて、公的信用の持続可能性の問題として把握されよう。

仮に、国際通貨国であるアメリカ連銀の量的緩和政策が、危機が深刻化するたびにQE1、QE2、QE3、...、QEnというように続けられるとしたら、この構造の何が問題になるのだろうか。IMFのような基金制度に基づく機関と異なって、中央銀行の信用供与には直接的な制約は存在していないからである。中央銀行のバランスシート（資産負債）の拡大と悪化の繰り返しは、通貨価値の信認に影響を与えインフレの進行に直結すると思われるが、世界最大の累積債務国であるアメリカにとってドルが国際通貨であるという条件が失われなければ、実質的な債務負担を減らすインフレは大きな問題にはならないとみなすこともできよう。国際通貨システムという側面で、FRBの信用供与の拡大という問題をどのように評価するのか、第4章の大橋論文やわれわれに与えられた課題である。同様に、EUの統合がさらに深化し、ECBが中央銀行としての「最後の貸し手」機能を発揮できるようになったとしたら、現在のような欧州の金融危機は解決できると考えられるのだろうか。第2章の石山論文、第3章の菅原論文をふまえて検討したい点である。

(2) グローバル経済の側面

金融危機の背景には、大橋論文にもあるように実体経済におけるグローバルな不均衡の問題がある。特に取り上げたい点は、グローバルな資本主義経済と

国民経済の枠組みとの相克の問題である。

　現代のグローバル経済の特徴の1つは、輸出入というモノの移動の拡大の裏側に、資本移動（多国籍企業の進出）、労働力移動（移民の拡大）の拡大があり、労働市場のグローバル化が進行して生じている点にある。また、通信や輸送手段の発展とともに、電子化された生産技術によって、新興諸国における労働力の熟練不足の問題も以前ほどの意味を持たなくなっている。新興市場諸国での生産拡大と先進諸国への逆輸入、その結果としての先進諸国における製造業の縮小は、安定的な中間層を支えてきた雇用と所得のあり方に変化をもたらし、福祉国家の経済的基盤を揺るがすことで、格差の拡大や社会の分裂を生じさせてきている。新自由主義的思考の下で、財政支出の削減を進める政策が追及されているにしても、結果的に、国民経済レベルでの需要不足が深刻化することで、財政への依存と財政赤字の拡大が生み出されている。先進諸国では、国内の需要減が価格競争を激化させ、それが在外調達を促進することで国内経済の空洞化が進むという悪循環に陥っている。

　こうした経済環境の下では、国民経済を支えるためには、財政政策だけでなく金融政策の重要性も大きくなっている。経済主権を支え、経済の安定と成長、自律的経済政策を行うために、通貨主権と金融政策が不可欠だからである。こうした観点からみて、EUという枠組みの問題、自律的な金融部門に執着してきたイギリスの経験は、どのように評価されるべきだろうか。第2章の石山論文、第3章の菅原論文にその回答が示されるだろう。

　他方で、危機のたびに進行する先進諸国における低価格競争の激化は、新興市場諸国における在外調達を拡大し、それら諸国の高成長を生む条件も拡大している。世界貿易機関の知的所有権の独占と保護を最優先する国際経済秩序の下では、先進国の多国籍企業を頂点にする国際的な下請け生産体制が形成されてきており、新興諸国における消費財の生産現場においても低価格競争は激烈である。新興諸国は先進国向け輸出を増やし、薄利多売によって利潤を確保しながら高成長を図るというあり方で成長をしてきたが、先進諸国市場全体の需要が伸びなくなる中で、成長の持続可能性に疑問がもたれるようになってき

ている。賃金の引き上げを図り、輸出依存から内需中心型の経済成長を目指す政策は、一方で内需志向型の多国籍企業の進出を促すが、輸出志向型の多国籍企業の進出条件を悪化させるものであり、都市の再開発や工業団地の建設など不動産開発を実需の面で支えてきた多国籍企業の進出構造を大きく変える可能性を持っている。特に、発展途上国の経済成長全体の4分の1を占める中国の動向は、今後も新興国が成長パターンを継続できるのかどうかを評価するうえで非常に大きな意味を持っている。第5章の金子論文にあるように、中国は「世界の工場」としてグローバルな貿易不均衡の一翼を担い、金融危機において世界需要を支えるという救済力を発揮してきたが、今後とも高成長を持続していけるかどうかは、「システム危機」の評価においても大きな意味を持っている。この点について金子論文の主張に傾聴したい。

　さらに、こうしたグローバル経済の構造は、先に述べた金融危機を生むグローバル・インバランスを拡大する条件であり、それは国民経済単位の政策的手段では対応が困難なものでもある。グローバルな資本主義経済のあり方と国民経済の枠組みとの相克がシステム危機の基礎にあると考えている。

（3）経済思想と国家のあり方の側面

　第3の問題として、先進国における新自由主義のイデオロギーの問題について論点を示したい。市場メカニズムを信頼し、対外経済関係の自由化（資本移動、貿易、労働力）を進めることで経済の効率化を追求するという政策は、先進諸国と発展途上諸国との間で歴史的に形成されてきた南北格差の下では、先進国企業の発展途上国への生産移転を必然的に生み出すことになる。同時に、対外的な自由化政策を追求する中で、福祉国家的政策を縮小して小さな政府を指向しながら、過去の財政赤字の処理のために増税を行う政策は、先進国内の需要をさらに一層冷え込ませるものになっている。こうした政策の追求が需要不足を深刻化させて価格競争の激化を生み、在外調達を拡大させるという悪循環を形成しているということができる。そして、経済成長が困難になることで、財政基盤を弱めて財政危機からの回復を阻んでいるのである。

国家の債務問題、財政赤字への対応の問題については、発展途上国で起きた経済危機への対応を思い起こす必要がある。1980年代の累積債務問題を例にすれば、ラテンアメリカ諸国は、IMFのコンディショナリティによって不況期に緊縮財政が強制された結果、破たんの連鎖が続き、その悪循環が克服されるのは経済成長政策のもとで債務の返済をするという基本政策に転換したからであった。その後、ラテンアメリカ諸国は新興市場諸国として再編され、先進国からの投資が拡大することで危機からの脱却が図られていくが、国民経済としての経済成長を実現していく過程で新自由主義のイデオロギーを克服してきたとみなすこともできる。

　しかし、先進国の現状をみると、景気の低迷が長期b化する中では、個別的な生き残り政策としては正しいコスト削減（効率優先）政策の延長として、経済の効率化を追求するという考え方は広く社会的に受け入れられる条件を持っている。ギリシャ危機をはじめとして欧州における金融危機は、債務の返済問題をめぐってラテンアメリカ諸国と同様の問題に直面している問題であり、まさに国家財政のあり方をめぐる問題として議論されている。国家の役割、社会保障政策や所得の再分配政策の妥当性、正当性が新たな経済環境の下で問われているのである。それゆえ、現在の欧州における危機は、新自由主義のイデオロギー問題を含んだ経済思想の問題としても検討することが必要であろう。これまで述べてきたように、グローバルな経済的不均衡の構図は改められておらず、また、そこで生み出されてきた金融活況と金融破たんの連鎖の構図も続いているもとでは、今後とも公的債務の拡大を伴って経済危機を繰り返すという可能性が高い。こうした構造そのものが改められない点に「システム危機」の根源があるのかもしれない。「システム危機」は、単なる経済システムの問題ではなく、経済思想や国家のあり方の問題としても検討しなければならない問題であり、本書の各論文がそれぞれに回答を示されるだろう。

第1章　問題提起

——本当に「危機」なのか、本当の「危機」はどこにあるのか——

矢後　和彦

はじめに

　ユーロが危機に直面している。EU加盟諸国の債務危機と金融システムの危機はユーロ存立の危うさを一気に露呈させた。ギリシャの議会選挙、フランス大統領選挙では、これまでの独仏主導の緊縮政策に対し、民意の反発が突きつけられた結果となり、そのことが市場のさらなる動揺を誘うという事態が現われた。さらにはギリシャに端緒的に現われた債務危機がスペイン・イタリア等にも広がる銀行危機を介して欧州規模の金融システム危機に連鎖する懸念も搔き立てられている。2012年6月17日に再投票が行われたギリシャ議会選挙では財政緊縮を継続する勢力が勝利したが、これからの事態の推移はなお予断をゆるさない。危機が債務問題から銀行恐慌、さらには実体経済に広がるに及んで、欧州各国およびIMFなどの国際機関は欧州金融安定基金（EFSF）の枠組みを強化して欧州安定メカニズム（ESM）へ発展させ、さらには欧州の財政統合も視野に入れた取り組みに乗り出しているが、統一欧州の理想がいま重大な歴史的岐路にさしかかっていることに異論はないだろう。

　他方でドルも不安定である。基軸通貨ドルはニクソン・ショック後の凋落、1990年代の復活を経て、いままたその危機を迎えており、かつては「危機管

理者」を任じていたアメリカも IMF もともにその力量を低下させている。変動相場制は「ノン・システム」と称されながらも、有事に際してはアメリカや G7 など主要国の連携で危機を回避してきたが、現在の国際通貨・金融システムは真の「ノン・システム」へと向かっているかのようである。アメリカの失業率・株価等の指標は一進一退のなかで回復しているとはいえ、ドル基軸の世界的な資本蓄積もまた大きな転換点を迎えているといえよう。

　しかしながら、ユーロ圏経済は危機にあるとはいえ、ユーロが崩壊してしまう、あるいは少なくない加盟国がユーロ脱退を余儀なくされるという事態はいまのところ起こりそうもない。ドルも動揺のなかにあるとはいえ、直ちに世界経済が混迷の奈落に落ち込んでいくということもありそうにない。サブプライム危機以降、「危機」という言説になじんだ現代のわれわれにとっても、「ユーロの危機」「ドルの危機」というアプローチでは現状は理解できないといわねばならない。他方で、ドル基軸の世界経済や安定成長協定を基礎とするユーロ圏の経済運営が世界や欧州の人々に幸福をもたらしているかといえば、それも違う、といわざるをえない。本当に「危機」なのか、本当の「危機」はどこにあるのか——これらの問いが改めて社会科学に突きつけられているのではないだろうか。

　政治経済学・経済史学会の 2012 年春季総合研究会では、以上にみたユーロ圏と基軸通貨ドルが直面している危機の総体を「システム危機」ととらえ、この「システム危機」の歴史的位相を検証することを課題に掲げた。当初「システム危機」の含意はユーロとドルの危機、およびその周辺の問題領域に限られていた。しかし報告と討論を深めるうちにこの「危機」そのものの位相が凡百の時論のいうところとは異なって、たんなる通貨危機・債務危機に還元できるものではないことが鮮明になってきた。以下の問題提起はこうした認識の深まりを背景に鋳直されたものである。

　以下本章では、これまでの研究蓄積や最近の研究動向に触れながら、若干の論点を取り上げて問題提起を行う。「システム危機」という用語にまつわる論点はこの問題提起の最後に呈示することとして、まずはこのたびの春季総合研

第1章　問題提起——本当に「危機」なのか、本当の「危機」はどこにあるのか

究会企画の直近の先行研究として、2009年6月に開催された政治経済学・経済史学会春季総合研究会「世界金融危機の歴史的位相」の成果を参照し、そこで提出された論点とその後の展開をみることから検討を始めよう。

第1節　金融危機の歴史と現在——「世界金融危機の歴史的位相」再訪

2008年秋のリーマン・ショックから「100年に1度」の危機が深まりをみせるなかで開催された2009年春季総合研究会では、世界金融危機の歴史的位相をとらえるために4つのタイム・スパンが呈示された。すなわち(1)「イギリスからアメリカへの覇権国の交替期と対比」させた「100年を超えるタイム・スパン」、(2)「1929年恐慌と今次の金融危機とを対比させて論じようとする長期的視点（80年のタイム・スパン）」、(3)「戦後パックス・アメリカーナとその衰退がもたらしたグローバル資本主義化の問題として今次の経済危機をとらえようとする」60年のタイム・スパン、(4) 1980年代以降の「新自由主義」政策のもとで、間歇的に繰り返し発生してきた金融危機の一環として位置づける視点、である。研究会が準備されたのはリーマン・ショック直後の短時日ではあったが、グリーンスパン（Alan Greenspan）元FRB議長の「100年に1度」という言説を歴史研究の側から撃ち返す重厚な報告をもとに、活発な討論が繰り広げられた。[1]

世上ではリーマン・ショックから現在に至るまで、金融危機をめぐるおびただしい文献が上梓されてきたが、危機の歴史的位相についてみるかぎり、「危機は繰り返すもの」といった諦観から出発して「緊縮策の重要性」を垂範するもの、[2] 反対に「世界ガバナンス理事会」の設立などの一見ラディカルな提言を並べながら「規制の強化」以上のことは語っていないもの[3]など、その議論の限界はもはや明らかなのではないだろうか。

これに対して上述の春季総合研究会は(1)危機の「繰り返し」という認識を、終末的なカタストロフを展望するネオ・ポランニアンと、「永遠の反復」

のなかに「覇権的局面」への移行を位置づけようとするネオ・ブローデリアンの対比をふまえて整除し、(2)「投資銀行ビジネス・モデルの破綻、金融技術革新の破綻は現象にすぎず、これらは金融危機の結果ではあっても原因ではない」ことを明確にしたうえで、「基軸国国民経済」の視点と「国際通貨システムの不安定」という視点を設定した。そして(3)「基軸国国民経済」(アメリカ)については、戦後パックス・アメリカーナの資本蓄積体制と景気循環のメカニズムをふまえ、今次の金融危機が「グローバル成長連関そのものの危機」として把握され、また金融危機から実体経済への危機の波及、また世界貿易の縮小を通じた危機の世界的波及の経路が解明されて(2009年の研究会の時点では明確になっていなかった)金融危機から公的債務危機への連鎖が見事に予見されたのであった。(4)研究会ではまた1907年恐慌・1929年恐慌を手がかりにした危機の歴史的位相が呈示され、中国経済の構造的特質への着眼が紹介された。いずれも現在に至るまで内外の論壇で広く取り上げられている論点を先取りした貢献である。さらに(5)討論で「思われざる変化」としての今次の危機から、分析の射程を人間観にまで広げていく課題が示された。

　他方でこの「世界金融危機の歴史的位相」をあつかった2009年春季総合研究会では言及されなかった、あるいは展開が十分とはいえなかった論点もあるように思われる。このたびの問題提起とのかかわりでいえば、以下の3つがあげられる。

　第1に、危機の「歴史的位相」が現在の危機にとってなにを意味するか、さらにいえば、現在の危機の諸相を歴史的経験に照らしてその異同や教訓を語るということにいかなる意義があるのか、という点について方法的洞察ともいうべき視点が明確にならなかったのではないか、ということである。われわれは2009年春季総合研究会で示された歴史研究、とりわけ1907年恐慌・1929年恐慌にかかわる分析の現代的意義についてはこれを高く評価するものであるが、ここには1次資料に基づく検討がみあたらなかったことは指摘せざるをえないだろう。

　第2に、危機への対応について(もちろんニュアンスに富んだものではあ

第1章 問題提起——本当に「危機」なのか、本当の「危機」はどこにあるのか

るが)、「新自由主義」によってもたらされた「市場原理主義」を議論の出発点に置き、そこからの無軌道な脱却が「財政出動」によって図られている、という図式に議論の全体がとどまっていた憾みがある、ということである。この図式は現在のユーロ危機でよく持ち出される「緊縮」か「成長」か、という二分法にもつながっている。こうした図式は必ずしも誤りではないが、危機の進行過程で顕在化したマクロ経済政策と金融政策の分離(いわゆるティンバーゲン〔Tinbergen〕原則)とその弊害、「ミクロ・プルーデンス」と「マクロ・プルーデンス」の役割といった新しい論点を掬いきれていない、と筆者には思われる。

第3に、これは2009年当初には分からなかったことであるが、ユーロ危機の検討が必要になった、ということである。とはいえ「通貨は統合したが財政政策が主権国家に分担されている」というユーロ圏の特質はかねてから指摘されていたことであり、ユーロ圏における危機発生と伝播のメカニズムについてはすでに研究が出揃っている。また現在進行中の事態について時事的な解説を施すことは本書の趣旨ではない。この危機のなかでより深い社会科学的な問いを立てることがここでの課題である。

以下ではこれら3つの検討課題について、最近の研究を参照しながら論点を敷衍してみよう。

第2節 「歴史的位相」をみるための方法論——1次資料の重要性

上述の第1の課題、すなわち歴史的アプローチにかかわる方法論についてはあえて「資料」論に触れておこう。よくいわれる通り、同時代人の視点はいわば最も「曇った眼」から現実をみているのであり、後世の歴史家が資料から再構成する歴史像こそが(鋭利な理論研究をも超えて)最も「澄んだ眼」を代表している。この点で2009年春季総合研究会の成果が「曇った眼」がとらえたリアルな現実を浮き彫りにすることには成功しながらも、「澄んだ眼」からの検証が十分でなかったことは認めなければならない。この点では、*Business*

History 誌の金融危機特集号（2011年4月）が、キンドルバーガー（Charles Kindleberger）の方法論を批判的に摂取しながら「経済学と歴史学」の緊張関係にユニークな考察をめぐらせているのが注目される[4]。

　では近年はどのような「澄んだ眼」からの研究が出ているだろうか。BIS資料文書課長のクレメント（Piet Clement）はバーゼル銀行監督委員会の内部資料から後述する「マクロ・プルーデンス」の考えの展開過程を実証している[5]。この研究によれば「マクロ・プルーデンス」の用語はすでに1979年からBISとその周辺で議論されていたが、公式に認知されるようになったのはアジア通貨危機の後、20世紀も押し詰まった1998年のことであることが明らかになっている。邉英治氏は「ミクロ・プルーデンス」規制の生成過程を日本の銀行史に遡行しつつ、また国際比較のなかで歴史的に解明している[6]。アメリカ政治経済学の潮流に属するアブデラル[7]（Rawi Abdelal）やチュイロース[8]（Geoffrey Chwieroth）、さらにボートン[9]（James Boughton）らの研究からは「ワシントン・コンセンサス」と称される米国主導の資本移動自由化論は、実はフランスの左派（社会党）が推進した「フレンチ・パラドックス」だったという歴史像が浮かび上がってくる。権上康男氏は欧州通貨統合に先立つEMSの創設・運用の実証をすすめており、仏独の対抗の論理構造、フランスにおける新自由主義の定着など、EMSから欧州通貨統合への展開を準備した経路が解明されている。この研究によれば、一般にいわれる「マネタリスト」ドイツと「エコノミスト」フランスの対立、という独仏対抗の図式は歴史的現実とはまったく異なっていることが解明されている[10]——。

　今日の時論が当然のように再生産している「アメリカ＝新自由主義」「フランス＝拡張主義」「ドイツ＝緊縮主義」といった図式は、正確ではない。1次資料の公開年次が（国・機関によっては）1970年代から80年代へと及びつつある今日、歴史研究の威力が改めて必要とされている。その成果は本書各章でも披露されるだろう。

第1章　問題提起——本当に「危機」なのか、本当の「危機」はどこにあるのか

第3節　物価安定と「マクロ・プルーデンス」
　　　——「自由」と「規制」の二分法を超えて

　危機への対応を論ずる際に批判的なアプローチ、とりわけ批判的な社会科学の伝統的思考が陥りやすいのが「自由と規制」「市場と国家」の二分法である。欧州危機のさなかにいわれる「緊縮」か「成長」か、という論法もこの系論である。市場の暴走はいけない、だから規制が必要だ、という議論では、しかしながら国際通貨システムの安定性をめぐって現在たたかわれている論争の最前線に論点を届かせることはできない。

　では、この二分法を超える論点とはいかなるものだろうか。詳細は本書の各章にゆずるとして「物価安定」と「マクロ・プルーデンス」をてがかりに若干の論点を示しておこう。[11]

　そもそも今次の金融危機の背景には21世紀初頭から定着した世界的な「物価安定」があった。物価安定のもとで金融機関は実体経済からかけはなれた投資行動に踏み出し、そのことがまた実体経済に正常ではない景気拡大効果をもたらした（「マクロ・プルーデンス」にかかわる「時系列の次元」time series dimension）。これを「ニューエコノミー」とみなしたアメリカFRBは物価安定を唯一のターゲットとする金融政策を採用する。他方で金融工学のツールを駆使した投資行動は期せずして投資主体が同時に同じ方向に動き、同じ方向から撤退するというリスク増幅効果をもたらした（「クロス・セクションの次元」cross sectional dimension）。こうして金融システムは景気循環を抑えるのではなく、増幅し、危機局面を深化させるという「プロシクリカリティ」pro-cyclicalityを強めることとなる。こうして個々の主体は健全であっても、その行動の総和は反対物に転化するという事態が世界金融危機をもたらした。この事態に対して「ミクロ」に代わる「マクロ・プルーデンス」が改めて求められるようになったのである。実際、バーゼル銀行監督委員会の当事者でもあった[12]グッドハート（Charles Goodhart）は最近刊行された同委員会の通史のなかで、

そもそもの銀行自己資本規制が個々の銀行の健全性という「ミクロ」の安定を目指したものであったことに注意を促している。「リスクごとにウェイト付けされた自己資本比率の魅力は、個々の銀行にリスクを自覚させ、意識させるという点にあるように思われた。しかし、規制の焦点が個々の銀行ではなく全体としてのシステムであるべきだということになれば、この議論は威力を失ってしまう(13)」。ここで重要な点は、「マクロ・プルーデンス」規制は「自由」の対極にある「規制」ではない、ということである。それは金融政策を財政政策・マクロ経済政策とすりあわせながら、あくまで市場の機能を生かしながら「ミクロ」と「マクロ」の齟齬を是正しようという試みである。そもそも「バーゼルⅢ」自体が国際法ですらないデファクト・スタンダードであり、これを遵守するかどうかは政府・当局と金融機関・金融市場との「かけひき」に待つという「ソフト・ロー」である。かつて金子勝氏は、金融システムの安定は「不安定との取引のなかでしか成立しない」という秀逸な警句を発したが(14)、「マクロ・プルーデンス」はまさにこうした「取引」の上にしか成り立ちえない規制であるといえよう。

　こうした「マクロ・プルーデンス」の新しい論点を「自由と規制」「市場と国家」の二分法と突き合わせてみると、「マクロ・プルーデンス」論は「市場への不信」とともに「規制への不信」という両面批判を蔵していることがみえてくる。ケインズやハイエクという、これら二分法のチャンピオンと目されてきた思想家を再検討するという課題も浮上してくるだろう(15)。

　しかしながら、問題提起者のみるところ、この「二分法」批判の行きつく先は「新自由主義」の再審であろう。すなわち、伝統的思考が金融危機を扱ってきた際に「新自由主義＝アメリカ＝多国籍企業」という図式をよく眼にしてきたように思われるが、この図式こそ、現在の危機を認識する際の最大の「躓きの石」だったのではないだろうか。「新自由主義」から流出する論理で危機の発生は解けるのか、「新自由主義」を打倒すれば危機は解決するのか、そもそも「新自由主義」とはなにか——。こうした論題をめぐって「緊縮」「成長」の二分法を超える地点で新たな問いが開かれている。

第1章　問題提起——本当に「危機」なのか、本当の「危機」はどこにあるのか

第4節　ユーロはどこに向かうか——危機のメカニズムと深層

　ユーロの危機はどうか。ユーロ圏とその周辺では、金融危機から債務危機へ、そして債務危機から銀行危機へと危機が増幅されてきた。日本EU学会の2010年度年報「ユーロ10年と金融危機」所収の岩田健治氏の論文によれば、リーマン・ショックの激発に至る危機の深化は、米国の「影の銀行制度」に由来する「トレーディング勘定」型危機であるのに対し、その後の実体経済の悪化を経てEU新規加盟国で顕在化した危機の現局面は不良債権問題を中軸とする伝統的な「バンキング勘定」型危機として区分される。[16] 2009年の欧州委員会報告書（ドラロジエール〔Delarosière〕報告[17]）も、またユーロ危機の前後にあわただしく刊行された論集[18]も、危機の解決策については対立を残しながらも、危機のメカニズムについてはほぼ共通の理解を示している。

　こうした危機のメカニズム論議は重要ではあるが、「本当の危機」を考えようとする本書ではこれらとは異なった視点も提起できるのではないだろうか。本書の諸章と関連するところでさしあたり3つの論点を示しておこう。

　第1の論点は当面の危機の経済・金融の次元における深層について、具体的にはドル危機とユーロ危機の関連である。サブプライム危機の発生メカニズムはそれとして了解されているとして、なぜこの危機が欧州に飛び火し、しかも債務危機・金融危機に深化するのか。そして欧州ではドイツ経済の編成がこの危機にどのようにかかわっているのか。その背景は、ある意味できわめて古典的である。田中素香氏の整理によって概括すれば、すなわち（1）2003年から5年間の世界経済の成長はGDP成長率5％に対して世界貿易の拡大はその3.5倍、海外直接投資流入額の成長は対前年比で2004年に24％、2005年に29％、2006年に38％、2007年に30％に上った。（2）EU（ユーロ圏以外を含む）のGDPは2007年にアメリカの15兆ドルを超えて16兆8500万ドル、ユーロ圏だけでも12兆ドルに至った。この間に欧州の銀行は、米・日の銀行をはるかに超える成長を示し、銀行保有資産を2倍以上に拡大した。[19]（3）そ

17

表1-1 BIS報告24カ国および米、独、英、日各国の対外銀行債権

貸出先	24か国全体 額（百万米ドル）	構成比（%）	アメリカ合衆国 額（百万米ドル）	構成比（%）
欧州諸国	10,891,338	43.29%	1,464,524	46.83%
他の先進諸国	7,544,096	29.99	601,048	19.22
オフショアセンター	1,847,468	7.34	308,105	9.85
アフリカ・中東諸国	560,115	2.23	57,258	1.83
アジア・太平洋地域	1,722,952	6.85	328,694	10.51
東欧・ロシア	1,240,835	4.93	72,367	2.31
ラテンアメリカ・カリブ海諸国	1,168,486	4.64	256,368	8.20
国際機関	157,058	0.62	21,216	0.68
未分類	26,228	0.10	17,461	0.56
合計	25,158,576	100.00	3,127,041	100.00

注：「欧州諸国」はユーロ圏およびイギリス等を含むEU経済圏、「他の先進諸国」はアメリカ合衆国、カナダ、日本、オーストラリア、ニュージーランド、「オフショアセンター」は香港、シンガポール、ケイマン諸島等。「アジア・太平洋地域」には中国、台湾、韓国、インド等が含まれる。イギリスは「オフショアセンター」の合計を掲載していないが、資料から積算した。

の成長はとりわけユーロ圏では不動産をはじめとするバブル経済の演出によって可能となっていた。（4）ユーロ圏では、元来、物価上昇率が高い南欧諸国にも、物価が安定しているドイツ等にも、同じ政策金利が適用される。そうすると、南欧のようなインフレ地域では実質金利は低く現われ、成長が刺激されてさらにインフレが進む。他方でドイツのような物価安定地域では実質金利は高く現われて成長が抑制される（「ダイヴァージェンスⅠ」）。（5）ところが南欧等でインフレが継続すると、ユーロは固定されているものの、実質為替レートは高く現われて競争力が喪われ、他方でドイツ等では実質為替レートは低く現われて競争力が強化される（「ダイヴァージェンスⅡ」）。ドイツの輸出好調を説明するのはこのメカニズムである。[20]（6）資本輸出の連関はアメリカからユーロ圏へ、ユーロ圏からアジアへ、アジアからアメリカへという連結を通じて作動しており、（7）ユーロ圏ではロンドン市場を擁するイギリスを介し、高利回り（証券額面価額は減少）の南欧諸国にドイツから資金が向かう関連が存

第 1 章　問題提起──本当に「危機」なのか、本当の「危機」はどこにあるのか

(最終リスク・ベース) の貸出先国別分類 (2012 年 6 月末現在)

ドイツ		イギリス		日本	
額 (百万米ドル)	構成比 (%)	額 (百万米ドル)	構成比 (%)	額 (百万米ドル)	構成比 (%)
1,568,469	59.09%	1,204,498	29.43%	710,740	24.71%
595,086	22.42	1,386,080	33.86	1,475,733	51.31
133,860	5.04	528,862	12.92	354,505	12.32
53,110	2.00	222,963	5.45	28,997	1.01
101,386	3.82	494,513	12.08	223,660	7.78
119,896	4.52	64,776	1.58	26,010	0.90
42,840	1.61	148,050	3.62	56,667	1.97
39,568	1.49	43,369	1.06	0	0.00
−96	0.00	176	0.00	0	0.00
2,654,215	100.00	4,093,287	100.00	2,876,312	100.00

出所：BIS, *Quarterly Review,* December 2012 より作成。

在した。南欧諸国の側では域内固定相場であるユーロ圏に加盟していることで資本輸入とその成果を享受できるというインバランスが事態を隠ぺいしていた。表1および図1・2は最新のデータをもとに上述の過程を再確認したものである。[21]

　このメカニズムの深層を説明するためにはとりたてて金融工学や新古典派経済学のツールを持ち出す必要はない。「架空資本」「資本輸出」といった古典的な資本の運動法則が、ドルとユーロという今日の新しい現実を突き抜けて貫徹しているといってよいだろう。ユーロ圏を経済面で牽引するドイツが、自国内では強力な雇用調整を行いつつ、過剰資本を南欧諸国に輸出しそれがデフォルトの懸念にさらされるや今度は南欧諸国に財政規律を迫るという構図は、上述の資本の運動法則の反映である。問題はむしろ、これらの運動法則が貫徹することはいわば「常態」であり、ユーロの「危機」ではない、という点にあるのではないだろうか。

図 1-1 世界諸地域の実質 GDP 成長率（2002 ～ 2012 年）

(単位：%)

― 世界の実質GDP成長率
------- アメリカ合衆国の実質GDP成長率
― ユーロ圏の実質GDP成長率
―◆― アジア成長地域の実質GDP成長率

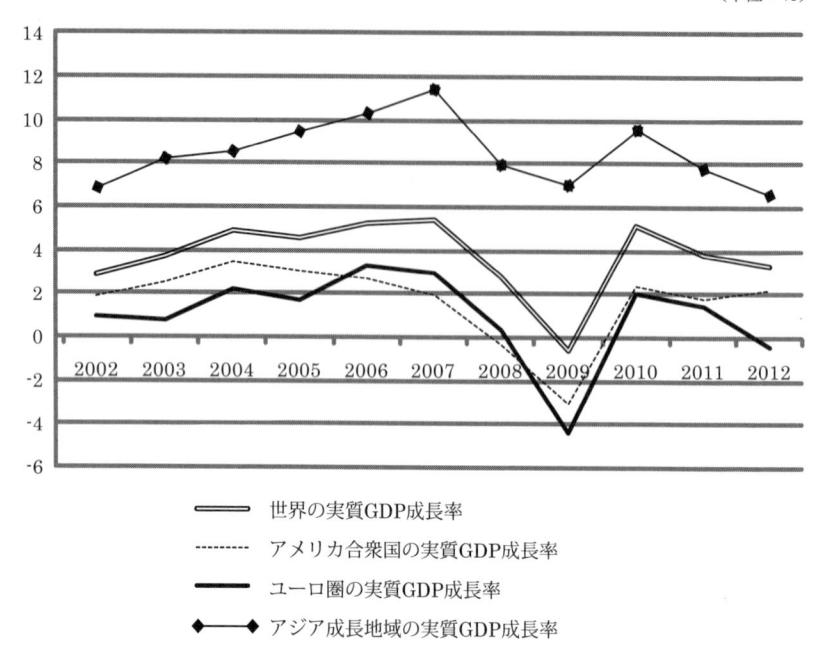

注：「アジア成長地域」は中国、インドを含む 27 カ国。韓国、香港、台湾は含まれない。
　　2012 年分は予測値。
出所：IMF, World Economic Outlook Database, October 2012 より作成。

　第 2 の論点は「社会的ヨーロッパ」のゆくえである。統合欧州が（その内部にさまざまな分岐を含みながらも）福祉国家を標榜し、社会的セーフティネットの拡充につとめてきたことは周知の通りである。しかしながら基軸通貨特権を有しないユーロ圏が、域内諸国民の生活水準と福祉給付をともに充実させていくことはいかにして可能になるのだろうか。そして当面の危機対応のなかでヨーロッパの福祉システムはどこに向かおうとしているのか——。危機における「社会的ヨーロッパ」のゆくえを展望するには、こうした国際通貨・金融システムと福祉社会・欧州統合の主題を架橋するような視点が必要になるだろう。この点では、先に触れた日本 EU 学会特集号所収の伊藤さゆり論文が金融危機

第1章　問題提起――本当に「危機」なのか、本当の「危機」はどこにあるのか

図1-2　ドイツとギリシャ：物価上昇率とインフレ・デフレ・ギャップ（％）

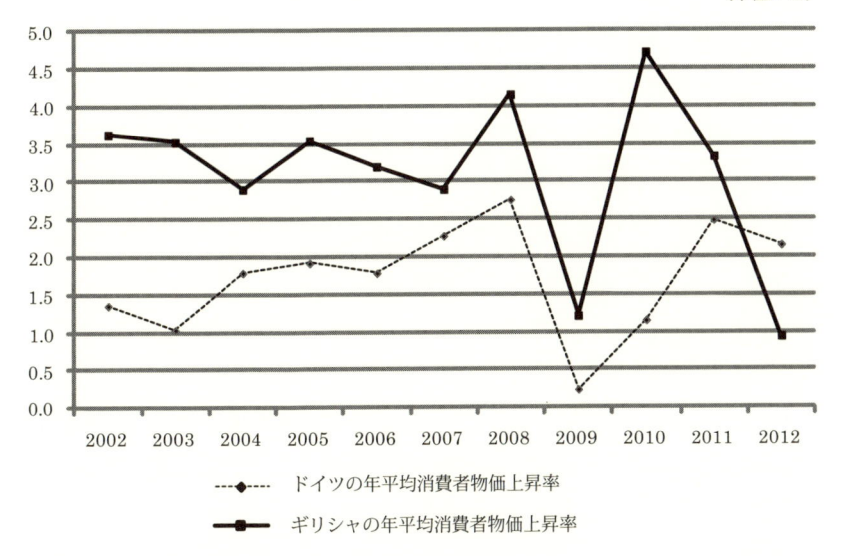

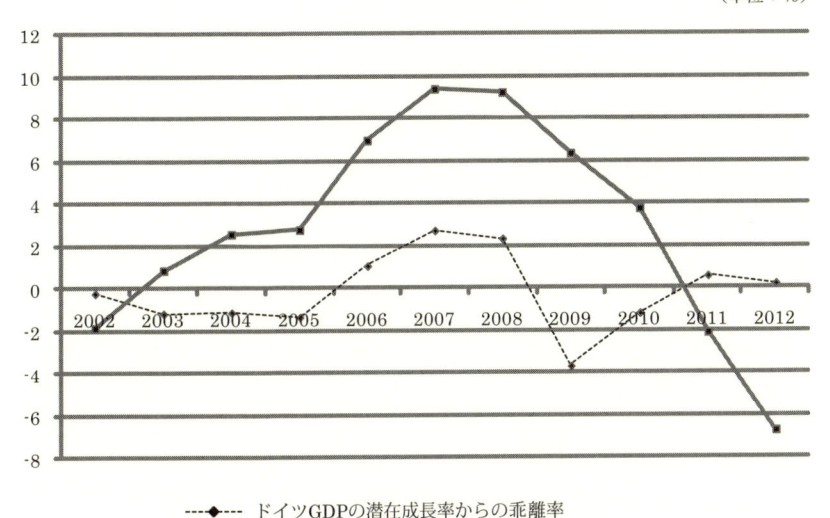

(単位：％)

･･･◆･･･ ドイツの年平均消費者物価上昇率
──■── ギリシャの年平均消費者物価上昇率

(単位：％)

･･･◆･･･ ドイツGDPの潜在成長率からの乖離率
──■── ギリシャGDPの潜在成長率からの乖離率

注：2012年分は予測値。
出所：IMF, World Economic Outlook Database, October 2012 より作成。

下のEUの雇用調整を論じていることが注目される[22]。この論文で伊藤さゆり氏は、金融危機前の局面でEUの雇用創出に最も貢献したのがスペインであったこと、他方でドイツが雇用調整を強力に推進した結果、過度な輸出依存に傾斜して域内不均衡を拡大したことを指摘し、「過小消費・過剰貯蓄国」ドイツにおける労働分配率の引き上げを通じて不均衡を是正すべきことを提唱している。また今次のユーロ危機を取り上げた論集のなかで星野郁論文はこれまでの欧州の福祉システムは世評とはうらはらに金融危機のインパクトに対してよく「健闘」していること、これまた時論で取り上げられる移民問題も、むしろ少子高齢化の趨勢が強い南欧諸国に労働力を供給し成長への貢献度が高いこと、失業問題と移民流入との相関は検出されていないこと、等を周到に実証している[23]。IMFの2012年度研究コンファレンスも世界金融危機と雇用のあり方を正面から取り上げており[24]、論壇における議論の照準もようやく「本当の危機」に向けられつつあるようである。

　第3に展望される論点としてはヨーロッパとアジアの対比と関係、が挙げられる。これまでも欧州統合と今後のアジア経済統合を比較するというテーマをめぐっては、活力ある研究が積み重ねられてきた。しかし今次の危機の推移のなかで浮かび上がってきた重要な論点の1つは、成長するアジアがいかに欧州を救援できるかという点だったように思われる。実際、アジア通貨危機への対応はアジア域内の外貨準備を動員すれば足りたのに対し、ユーロ危機への対応にはユーロ圏域内だけでなくIMFや新興国など世界の支援が欠かせない。この点を「グローバル・インバランス」として問題にする視点も存在し、アメリカでは活発な論争が続いているが[25]、本書はこうした論争をより広く「ネオ・ポランニアン」「ネオ・ブローデリアン」の系譜に位置づけようとする。

むすびにかえて――土地制度史学会の方法的遺産はいかに継承されるべきか

　以上の展開をふまえ、最後に「システム危機」の定義を述べて問題提起を

第1章　問題提起——本当に「危機」なのか、本当の「危機」はどこにあるのか

締めくくろう。もはや明らかと思われるが、ここでいう「システム危機」とは金融システムの全般的危機をさす「システミック・クライシス」とは異なる含意を持っている[26]。すなわち「システム危機」で念頭に置いているシステムは金融システムだけではなく、雇用・福祉などおよそ現代資本主義の運行を支える国際的・国内的システムのすべてを射程におさめる。なおかつここでいう「システム」とは、周知の社会学的な構造、すなわち（1）特定の権力や利害当事者が恣意的にコントロールできるものではなく、一見するとシステムを操作しているかにみえる当事者の手にも負えない自己展開を示す装置であり、（2）そのシステムの打倒を目指して活動する主体の運動も、当事者の意図を離れてむしろシステムを強化する方向に働いてしまう場、である。「システム危機」とは、こうした現代資本主義の運行を支えるシステムが機能不全に陥る事態である。いいかえれば、「システム危機」とは、たんなるドルの危機やユーロの危機ではなく、この問題提起でも強調してきた「本当の危機」である。

ではその「システム危機」とは現代資本主義の終焉のようなネオ・ポランニアン的カタストロフを指すのか、それとも（例えば）アメリカの覇権が再編されて別のシステムへと移行していくネオ・ブローデリアン的反復の一こまなのか——これは開かれた問いである[27]。

ここで留意しておきたいのは、ことさらに終焉を語るネオ・ポランニアンが悲観論、危機の繰り返しをいうネオ・ブローデリアンが楽観論、という構図は成り立たないという論点である。危機の繰り返しへの着眼も、「いまは実は危機ではない」という議論の裡に「危機の装いの下で金融的蓄積は着々と行われている」という現状批判を内包しているとみるべきだろう[28]。

他方で、かつての危機論が人々を現状への批判と社会変革へと鼓舞した時代は終わり、いまや「危機」をいう議論は、「大変だぞ」「負担を忍従せよ」という、いわば危機管理のための総動員の言説へと姿を変えている。こうした「危機の言説分析」といった視点もこれからは取り上げていくべきだろう。「システム危機」とは、ニセ「危機」を峻拒した彼方に現われてくる「本当の危機」、社会・労働・福祉あるいは環境の領域も包摂するシステムの危機、と押さえて

おきたい。

　「システム危機」という概念それ自体への批判を含め、この未熟な切り口からさまざまな問いが発せられ、また回答への試みが熟議の場に引き出されるなら問題提起者の意図はほぼ達せられたことになろう。

　「システム危機」論は以上であるが、最後にこの用語の発想源ともなった山之内靖氏の提言を振り返っておこう。お気づきの通り、「システム危機」という造語は山之内氏が紹介・展開された「システム社会」論に負っている。かつて山之内氏は「土地制度史学会の方法的遺産はいかに継承されるべきか」という提言のなかで以下のことを指摘されていた。「国際金融の諸連関は農業・土地問題とのあいだに一体いかなる関係を持つのであろうか」。講座派の理論的枠組みの根底には「物象的関連のみが問題なのではなく、諸社会を構成する大衆のあいだで流通している共通の価値規範、つまりウェーバーのいうエートス、マルクスのいう社会的意識諸形態にも十分注意を払う必要がある」「旧講座派とそれにつながる大塚史学が社会構成の把握において農業・土地問題への着目を枢要なものと考えたその根底には、農業・土地問題の核をなす社会面のエートス＝社会的意識諸形態こそが社会変革の帰趨を左右する戦略的基盤となっている、とする方法的関心が存していた」。この間の金融危機を論じているあいだに、いつのまにか「直接生産者」がみえなくなり、国際金融のエキスパートに伍する分析が語られる一方で「社会」が視野に入りにくくなったと感じているのは問題提起者だけではないだろう。他方で、上述の問題提起でも触れてきたように、どこかに巨悪を設定し、それに立ち向かう「直接生産者」＝「変革主体」を見出して安心するような知的怠慢はもはや許されない。現代資本主義は、まさに「思われざる結果」「意図せざる結果」として危機の連鎖を生み出している（山之内氏の方法もむしろ現代資本主義のこちらの側面に着眼されたものだった）。

　「システム危機」の構造を立体的に取り出しつつ、なおかつそこにいかにして現代社会の息吹と変革の契機を見出すか——本書の諸章を通じて、こうした土地制度史学会の方法的遺産を継承する活路がひらかれることを期待したい。

第2章　産業危機とヨーロッパ統合

── フランス政府の危機対応戦略 ──

石山　幸彦

はじめに

　今日ユーロ危機に見舞われているヨーロッパ諸国は、財政危機に陥ったギリシャやスペインなどに資金を援助するとともに、財政規律の厳格化を検討している。また、金融機関の監督や破綻処理の仕組みを一体化する銀行同盟も構想されている。すなわち、統一通貨ユーロを導入していることを前提として、加盟国の財政危機や金融危機に EU 諸国が協力して対応するシステムを構築しようとしているのである。こうした措置は、本来は各国政府に属する財政運営や金融監督の権限を一定程度 EU が制約すること意味し、国家主権をヨーロッパ・レヴェルで統合していく可能性を秘めたものである。第2次大戦後に統合運動を最も積極的に牽引した構想は、ヨーロッパ連邦ないしはヨーロッパ合衆国の建設を最終目標とする連邦主義の考えに基づいていた[1]。したがって、現在の EU はそうした方向に向かっていると考えることができる。

　このように経済危機を迎えた際に、フランスなどヨーロッパ諸国政府がヨーロッパ・レヴェルで対応策を講じ、周辺諸国と協力して実施することは、戦後には少なからずみられた現象である。すなわち、ヨーロッパ諸国が共通の経済危機を迎え、それに対応してきたことは、すでにいくつかの前例が存在するの

である。そもそも終戦直後にヨーロッパ統合運動が高揚した原因の1つは、戦争と米ソ超大国の出現と対立によって、政治的にも経済的にも危機に直面した西ヨーロッパ諸国が、結束して危機に対応することは避けられないと考えられたからである。

だが、こうした経済危機への対応について、従来の一般的な統合史に関する諸研究は、必ずしも注目してこなかった。それは、統合史に関する研究の多くが政治史や国際関係史の立場から行われたものであり、政治問題をめぐる外交交渉や、制度や組織の改革に主たる関心が払われてきたことである。

そうしたなかでも、ヨーロッパ石炭鉄鋼共同体の実施した政策全体を分析したディーボルド（William Diebold）や、シュピーレンブルグ（Dirk Spierenburg）とポワドヴァン（Raymond Poidevin）の研究では、経営危機に陥った企業や産業への共同体による救済策や労働環境の整備が紹介されている。ただし、前者は1950年代のみ、後者は50年代と60年代を扱っているが、いずれも共同体が最も成果をあげた分野として、社会政策を評価している。だが、産業危機への対応策としてとらえる視点は明確ではない。さらに、ミルワード（Alan S. Milward）は50年代のベルギーにおける石炭産業の経営危機を取り上げ、石炭産業の円滑な整理縮小を進展させた点で、共同体によるベルギー政府への貢献を高く評価している。ただし、これは戦後の早い時期から劣悪な採炭条件に悩まされていたベルギー南部炭鉱の特殊な事例である。

こうした一般的な統合史の研究に対し、通貨や農業については、早くから西ヨーロッパ諸国間の協力が進展したこともあり、それぞれの分野で豊富な研究が蓄積されている。それらの研究では、統一通貨ユーロ導入に至るまでの経緯や共通農業政策の実施について、詳細な分析が加えられてきた。さらに、当初から統合の対象となった石炭、鉄鋼業の歴史や現状に関する研究でも、西ヨーロッパにおける両産業の盛衰とそれへの政府や共同体の対応が取り上げられている。しかし、これらの研究では、業界や企業側に焦点が当てられることが多く、危機対応をめぐる各国政府と共同体の関係や役割分担については、十分に整理されてはいない。だが、これらの産業は景気の動向に敏感であり、戦後の

第2章　産業危機とヨーロッパ統合

経済成長期から今日にかけて斜陽化も著しく進んでいるため、危機対応という点では看過できない産業部門である。

そこで本章では既存の諸研究に主に依拠しながら、戦後の様々な局面で両産業に生じた危機対応をめぐって、フランス政府やヨーロッパの共同体組織が採用した対応を3つの局面に分けて検討する。第1は、戦後の経済再建が喫緊の課題となっていた時期で、フランス政府は主要産業の国有化や経済計画を実施し、政府が積極的に経済介入する政策を選択した。そうした経済政策の一環としてシューマン・プランを提案し、ヨーロッパ石炭鉄鋼共同体の結成を導くことになる。そこで創設された同共同体はどのような期待を背負い、いかにそれに応えるのかを分析する。

第2の局面は、1950年代末以降に石炭消費が伸び悩み、西ヨーロッパ諸国で石炭産業の経営危機が顕在化した時期である。この時期には、石炭から石油やガスに主要なエネルギー源が転換され、石炭産業は斜陽化し、生産の縮小と人員整理が避けられない状況になっていた。そうした産業危機に対し、フランスなど加盟国政府と共同体が示した対応を明らかにする。

第3局面は、オイル・ショック後の1970年代後半から80年代に、西ヨーロッパ諸国がユーロ・ペシミズムと呼ばれる閉塞感を伴う経済的停滞を経験していた時期である。全般的な停滞のなかでも西ヨーロッパの鉄鋼業は深刻な経営危機に見舞われ、生産縮小と人員削減、企業の整理統合を断行せざるをえなくなった。その際には、加盟国政府とともにヨーロッパ共同体が、産業危機への対応にそれまで以上に機能を発揮したことを分析する。

以上のような検討によって3つの局面における産業危機に対し、フランスなど共同体加盟国政府と共同体が採った対応と役割の変遷を明らかにする。それをもとに現代のユーロ危機を歴史的側面からとらえ直し、一国レヴェルでの政策とヨーロッパ・レヴェルでの対応の可能性と限界を考察する。さらに、現在も進行しているヨーロッパ統合の経済的意味を展望することを本章の課題とする。

第1節　戦後のフランス政府による危機対応とヨーロッパ統合の開始

1. 戦後危機とシューマン・プラン

　終戦直後の第1局面のフランス経済は、1930年代の停滞と戦争中のナチス支配や破壊の影響を受け、存亡の危機に立たされていた。ド・ゴール臨時政府は、そうした認識を持つモネ（Jean Monnet）の提言を採用し、政府主導の経済計画を実施すべく46年1月に計画庁（Commissariat général du plan）の設置を決定した。この計画庁を調整役として、政府閣僚や財界代表からなる計画審議会（Conseil du plan）が全体の成長目標を定め、それをもとに各産業部門に設置された近代化委員会（Commission de modernisation）がそれぞれの産業の生産目標を設定し、必要な物資や資金の調達方法を検討した。その成果が第1次近代化設備計画（Le premier plan de la modernisation et de l'équipement 通称モネ・プラン）としてまとめられ、47年1月から実施されたのである。モネ・プランでは、石炭、鉄鋼、電力、セメント、農業機械、輸送機械の6部門が、基幹産業として重視され、資金や物資が優先的に配分された。[7]

　さらに、フランス政府は終戦後に、石炭、電力、自動車、銀行など主要産業の国有化を断行し、企業経営にも介入した。この国有化には産業や企業ごとに様々な要因が存在したが、なかでも最も重要な目的は、国家が経営に介入することによって、経営規模の拡大と生産設備の近代化を実現することであった。例えば石炭産業については、戦時中にドイツの直接統治下にあったノール（Nord）やパ・ドゥ・カレ（Pas-de-Calais）地方の炭鉱では、経営者がナチスの要請に応えて石炭増産を強行しことで、労働者の信認を失っていた。さらに、戦時中の破壊や設備の老朽化によって、生産力を喪失している炭鉱も各地に存在したため、民間経営では炭鉱の再建や生産の拡大を期待することはできなかった。したがって、一部の零細炭鉱を除く全国の炭鉱を国有化し、政府主導で炭鉱設備の近代化と生産拡大を進め、当時きわめて深刻化していた石炭不

第2章　産業危機とヨーロッパ統合

足に対処しようとしたのである。

そうした意図からフランス政府は、1946年の国有化法に基づいて、ノール＝パ・ドゥ・カレ、ロレーヌ（Lorraine）など全国の採炭地域に国有の炭鉱会社（Houillères du bassin）9社を設立した。さらに、パリにはフランス石炭公社（Charbonnages de France）を創設し、炭鉱会社全体を管理する体制を整えたのである(8)。

だが、このようなフランス政府による積極的な経済介入をもってしても、解決できない問題が存在していた。国外からの物資の調達など、対外的な関係に依存する問題は、一国レヴェルでは到底対応できないからである。そこで戦後のフランス政府は、アメリカからのマーシャル援助などを活用しながらも、ヨーロッパ諸国との関係に活路を見出していくことになる。

そのなかでも、フランス経済復興のために急務であったのは、エネルギー、外貨、労働力、輸送手段を確保することであった。特に、エネルギー源として最も重要な石炭を国外から調達することは焦眉の急であった。それは、戦前からフランスは国内需要の一定割合を輸入に依存しており、戦後の物資不足のなかで国際的にも石炭が不足していたため、石炭不足がフランス経済復興の桎梏となっていたからである(9)。そこで、フランス計画庁は西ドイツのルール地方産出の石炭輸入確保を主要な目的の1つとして、1950年5月9日にシューマン・プラン（Plan Schuman）を提案し、52年にヨーロッパ石炭鉄鋼共同体を結成することになった。このように、フランス政府は戦後の経済危機対応の一環として、ヨーロッパ統合に着手したのである(10)。

ルール炭の調達に関してフランス政府が懸案していたのは、独立後の西ドイツ政府がルール炭の輸出を制限することと、同地域の炭鉱会社が西ドイツの系列会社に優先的に供給することであった。連合国による占領下では、ルール地方の生産や流通は連合国側に管理されており、さらに1949年にはルール国際機関（International Authority for the Ruhr）が設立され、西ドイツも含めた国際管理が開始されていた。だが、アメリカやイギリスは西ドイツの独立と復興を促進するために早急にこの組織を解体し、ルール地方の管理を西ドイツに

任せることを企図していた。したがって、ルール国際機関の解体後、ルール炭のフランスへの供給が阻害されない仕組みを構築することが、フランス政府にとっては急務だったのである。

そこで、ヨーロッパ石炭鉄鋼共同体結成条約、いわゆるパリ条約では、共同体によって開設される石炭、鉄鉱石や鉄鋼の共同市場においては、自由で公正な競争が展開されることが規定された。すなわち、政府による貿易制限や関税を撤廃することはいうまでもなく、カルテルや顧客差別など企業による自由競争の制限も禁止された。さらに、これらの産業については、共同体が行政権を加盟国政府から譲り受け、管理・育成にあたることになった。したがって、共同体は特定産業に限定されたものとはいえ、連邦主義に基づく超国家機関として、ヨーロッパ連邦建設への第一歩と位置づけられたのである。そうした規定によって、ルール炭が西ドイツ国内に優先的に供給されることを防ぎ、同地域の産業発展も一定程度抑制することをフランス政府は意図したのである。[11]

2. 石炭鉄鋼共同体による石炭共同市場開設

1952年8月にヨーロッパ石炭鉄鋼共同体は発足し、共同体の政策決定、執行機関である最高機関（Haute Autorité）がルクセンブルクに設置された。そして、翌年2月10日には石炭、鉄鉱石、屑鉄の共同市場が、同年5月1日には鉄鋼共同市場が開設された。だが、石炭については供給不足が予想されたため、最高機関は石炭価格の自由化が価格高騰を招くことを懸念した。そこで、最高機関はそれを防ぐため、53年初頭から上限価格の設定を検討し、同年3月6日には閣僚理事会もこれを承諾した。その結果、3月15日から石炭には品質ごとに上限価格が課せられることになったのである。[12]

だが、当時のヨーロッパ各国の石炭産出は回復し、アメリカなどからの輸入も増加したため、石炭不足は解消されつつあった。そのため、フランスでも石炭の在庫は増加傾向にあった。そうした状況を反映して、世界的には石炭価格は下落傾向にあったにもかかわらず、共同市場における石炭価格は若干上昇していた。それは、共同体の石炭産出国にはカルテル組織が存在するか、フラン

スのように産業全体が国有化されており、石炭の生産や供給が管理されていたためである。そのため、最高機関によって設定された上限価格は、その趣旨に反して価格設定の目標になり、価格下落を妨げていると批判された。以上のような状況から、上限価格は1955年4月1日には、ルール炭を除いて廃止され、ルール炭についても1年後の56年4月1日に撤廃された。[13]

さらに、石炭供給を管理している共同販売機関などの存在が、最高機関内部でも問題視された。特に、共同体内でも最大規模のカルテル組織であるルール石炭共同機関（Gemeinschaftsorganisation Ruhrkohle、以下GEORGと記す）によるルール炭の販売管理が、まず最高機関における検討の俎上に載せられたのである。だが、すでに触れたように共同市場内にはこれ以外にも類似の組織が存在しており、ベルギーにはベルギー石炭コントワール（Comptoir belge des charbons: COBECHAR）がベルギー産の石炭の販売を一手に独占し、西ドイツとフランス、ロレーヌの炭鉱会社がライン河上流域石炭同盟（Oberrheinische Kohlenunion: OKU）を形成して、南ドイツへの石炭販売を管理していた。フランスでも国有化された炭鉱会社の生産、販売はフランス石炭公社を介して政府によって管理され、石炭輸入に関しては石炭輸入技術協会（Association technique de l'importation charbonnière: ATIC）がすべての石炭輸入を管理していた。さらに、業界組織や政府によって市場が管理されている状況は、共同体諸国の鉄鋼業などでもみられた現象である。したがって、問題はGEORGの存在のみにとどまらず、共同市場において自由競争を徹底することは、最高機関にとって困難を極めたのである。[14]

だが、次節で詳しく検討するように、石炭は1958年には過剰供給となり、共同体諸国の石炭産業が危機を迎えることになる。それは石炭から石油へとエネルギー源が転換し、石炭産業の斜陽化が始まったことを意味していた。したがって、共同体結成時にフランス政府が危惧していた石炭不足は50年代には解消され、逆に皮肉にも石炭産業の保護が共同体の次の課題として浮上するのである。

これまで検討したように、終戦直後の第1局面で政治経済危機に直面した

フランス政府は、経済計画や主要産業の国有化を断行し、危機からの脱出を目指した。そうした政策の一環として、ヨーロッパ統合に着手したのである。その際にモネらが構想したシューマン・プランには、共同体の結成がルール炭の輸入確保とルール地方に拠点を置く独占組織の解体を実現する意図が込められていた。だが、共同体の政策が実際には期待された効果を発揮しなかったにもかかわらず、フランスをはじめ西ヨーロッパの経済は1950年代には成長軌道に乗り、石炭不足も解消された。すなわち、フランスでは、主要産業の国有化と経済計画の実施が結果的に功を奏し、経済成長が始まっていたのである。その結果、共同体を介した危機対応は必要ではなくなり、政府が当該産業に関する行政権を最高機関に譲ることも意義を喪失してしまった。

　独占規制以外の面でも、共同体に任されるはずであった諸政策が実質的には加盟国政府の手に残された事例は少なくない。本章では詳しくは取り上げないが、例えば石炭、鉄鋼産業の育成でも、共同体が有効な政策を実施することはできなかった。したがって、フランスなどの加盟諸国では、1950年代半ばには国家主権を維持したままでも、経済成長が見込まれるようになっていたのである。以上のように、戦後危機対応の第1局面においては、行政権限が実質的に、共同体に移行することは少なかったのである。[15]

第2節　石炭危機への対応

1. 共同市場開設に伴う救済措置

　ヨーロッパ石炭鉄鋼共同体結成にあたっては、すでに指摘した通り、石炭、鉄鋼、鉄鉱石などに加盟6カ国の共同市場を開設し、自由競争が展開されることになっていた。そこで共同体のパリ条約では、共同市場を開設して以後5年間の過渡期間を設定し、競争にさらされたことによって経営危機に見舞われた当該産業企業を救済する措置が用意されていた。以下ではまず、共同市場開設直後に実施された過渡的措置を分析する。それは、この過渡的措置が第2

第2章　産業危機とヨーロッパ統合

局面の石炭危機への対応にも引き継がれることになるからである。

この過渡的措置については、パリ条約第 85 条に基づいて締結された「過渡的措置に関する協約」（Convention relative aux dispositions transitoires）の第 23 節に規定されていた。すなわち、この協約によって、経営が危うくなった企業の労働者に対する保護措置が規定されていたのである。特に、解雇や配置転換を余儀なくされた労働者に対しては、同協約に「再適応」（réadaptation）と記された支援措置が用意されていた。

具体的には、以下の 4 つのケースに対して最高機関が資金を提供することを規定している。(a) 企業の活動停止ないしは縮小によって解雇される労働者への補償金。(b) 企業の業種転換などにより、休職を余儀なくされた労働者への給与。(c) 再雇用や配置転換に伴う費用。(d) 転職のための職業訓練費用。ただし、これらの費用は、当該国政府が救済計画を最高機関に提示し、支払いを請求することで給付される。さらに、最高機関と政府が半額ずつ費用を負担することが規定されていた。

この規定に基づいて、共同体では、1953 年 2 月 10 日の石炭、鉄鉱石、5 月 1 日の鉄鋼共同市場開設から救済措置を実施することになっていた。その最初の事例として、石炭共同市場開設直後の 3 月 18 日にフランス政府からの要請で、サントル・ミディ（Centre-Midi）からロレーヌ（Lorraine）への炭鉱労働者 5000 人の配置転換について、その移転費用と住宅費をフランス政府と折半で最高機関が支出することになった。だが、この配置転換では多くの労働者が移転することを拒否し、わずかに 560 人のみが応じたため、救済措置は極小規模なものにとどまった。

さらに鉄鋼業においても、共同市場開設を契機として、1953 年に既存の製鉄会社が合併してロワール製鉄会社（Compagnie des ateliers et forges de la Loire, CAFL）が設立された際には、1500 人以上の労働者が解雇の危機にさらされた。そこで、ロワール製鉄、フランス政府と最高機関は、54 年 7 月にこれら労働者の再就職に向けた職業訓練と求職活動支援プログラムの実施に合意した。共同体は、このプログラムの費用をフランス政府と半額ずつ支出した

表 2-1　共同体によって資金援助を受けた労働者数　　　（単位：千人）

年	西ドイツ 石炭産業	西ドイツ 鉄鋼業・鉄鉱石採掘業	西ドイツ 合計	フランス 石炭産業	フランス 鉄鋼業・鉄鉱石採掘業	フランス 合計	原加盟6カ国 石炭産業	原加盟6カ国 鉄鋼業・鉄鉱石採掘業	原加盟6カ国 合計
1954-1960	54.2	0.9	55.1	6.7	5.3	12.0	95.3	19.9	115.2
1960-1963	35.9	8.8	44.7	4.5	3.5	8.0	53.4	12.4	65.8
1964-1966	50.8	5.9	56.7	0.0	3.8	3.8	80.3	16.9	97.2
1967-1969	56.9	20.5	77.4	2.9	7.2	10.1	96.2	32.8	129.0
1970-1972	16.3	1.6	17.9	17.1	3.6	20.7	45.4	5.6	51.0
1973-1975	44.3	4.6	48.9	8.2	1.2	9.4	61.3	11.0	72.3
1976-1978	20.3	6.2	26.5	2.8	14.6	17.4	27.2	29.6	56.8
1979-1981	10.9	22.1	33.0	2.1	11.5	13.6	13.8	40.3	54.1
1982-1984	19.9	30.4	50.3	4.6	0.6	5.2	25.8	41.9	67.7
1985-1987	19.6	21.1	40.7	8.5	17.1	25.6	28.1	69.0	97.1
1988-1990	22.2	23.2	45.4	16.5	50.9	67.4	53.6	117.7	171.3
1991-1993	31.0	52.9	83.9	7.0	3.4	10.4	39.9	90.5	130.4
1994-1996	26.2	30.0	56.2	2.1	5.6	7.7	30.3	56.7	87.0
1997-1999	18.3	6.5	24.8	4.1	0.1	4.2	22.4	18.5	40.9
2000-2002	19.2	3.7	22.9	5.0	0.0	5.0	24.2	9.8	34.0
合計	446.0	238.0	684.0	92.1	128.4	220.5	697.2	572.6	1,269.8

注：1954～1960年は協約23節による援助、1960～2002年はパリ条約第56条による援助。
出所：R. Leboutte, L'action des Communautés européennes dans la politique de réadaptation des travailleurs et la reconversion industrielle, 1950-2002. Aux origines de l'Europe sociale, J-F.Eck, P.Triedemann et K.Lauschke, *La conversion des bassins charbonniers. Une comparaison interrégionale entre la Ruhr et le Nord/Pas-de-Calais,* Revue du Nord Hors série. Collection Histoire, n.21, 2006, p.349 et p.351 より作成。

のである。[20]

　こうしたフランスの産業にかかわる事例以外にも、イタリアの石炭、鉄鋼業やベルギーの石炭産業、ドイツの石炭産業にも最高機関は援助措置を講じている[21]。すなわち、1953年の共同市場開設直後から、生産設備の整理、縮小や企業の合併、倒産などで、配置転換や離職を迫られた労働者のために、共同体は補償金を支給していたのである。ただし、それは限定された規模であり、あく

第 2 章　産業危機とヨーロッパ統合

までも過渡期間の特別措置として位置づけられていた。

　だが、1957 年の第 2 四半期から石炭需要の低下がみられ、58 年初頭には石炭産業の危機的状況が明らかになった。50 年代末になると石油やガスの消費が拡大し、さらには技術水準の向上によって石炭の節約も進んだため、ヨーロッパでは石炭の供給過剰が顕在化したのである。そのため、それ以前から問題を抱えていた炭鉱以外にも、ベルギーや西ドイツなどの炭鉱は深刻な経営危機に見舞われた。その結果、最高機関は 1958 年 2 月で終了するはずであった過渡期間の救済措置を 60 年 2 月まで延長したのである。

　その 1960 年 2 月までの延長された過渡期間中には、表 2-1 のように 11 万 5200 人の労働者が石炭鉄鋼共同体からの支援を受け、その大半は 58 年から 59 年の石炭危機の時期に集中した。こうしたエネルギー事情を背景に、西ドイツとベルギーのワロン地域の炭鉱労働者、イタリアのサルデーニャ島の炭鉱労働者、イタリアの鉄鋼労働者が主な救済対象となっていた。すなわち、過渡期間にはフランス政府は比較的この制度を利用していない。それは、石炭産出量が相対的に少ないフランスでは、石炭危機の影響が比較的軽微であったからだと考えられる。[22]

2.「危機宣言」をめぐって

　さらに、危機が深刻化した 1959 年 2 月には、最高機関はより積極的な危機対策に着手しようとした。すなわち、共同体の役割や権限を定めたパリ条約第 58 条に規定されている「危機宣言」を石炭産業について公布し、最高機関による生産割当や、域外からの輸入制限の実施を提案した。この第 58 条では、需給の不均衡によって石炭、鉄鋼産業が危機的状況にある場合には、危機を宣言し、供給を管理する権限が最高機関に与えられていたからである。[23]

　だが、各国政府閣僚で構成される閣僚理事会は、加盟国ごとに事情が異なることを理由に、この提案を了承しなかった。その後も最高機関は同趣旨の修正提案を閣僚理事会に提出したが、最終的には同年 5 月 11 日の閣僚理事会でも承認されなかった。この 5 月の閣僚理事会の席では、共同体が域外からの輸

入を制限するには危機宣言が必要だという理由から、ベネルクス諸国は賛成に転じていた。だが、ドイツ、フランス、イタリア政府は反対し、危機宣言は発せられることはなかったのである。この当時、フランス首相ドゥブレ（Michel Debré）は、石炭の生産水準は最高機関に決定させることはできない。なぜなら、炭鉱でストライキが発生した場合に機動隊を派遣するのは、最高機関ではなくフランス政府であるから、と語っている。

このように危機宣言に反対した西ドイツ政府は、独自に石炭の輸入制限を実行し、石炭の共同販売組織が国内炭の供給量も管理した。フランスでも石炭輸入技術協会が石炭の輸入を管理しており、政府が国有炭鉱からの供給量をコントロールしていた。すなわち、西ドイツやフランスの政府は、石炭の過剰供給に対して共同体レヴェルで対応することを拒絶し、政府や石炭業界が供給量を管理することを選択したのである。

ただし、危機が最も深刻であったベルギーについては、同国政府と最高機関が協議し、パリ条約第37条に基づいて、同国石炭市場を切り離すことを1959年12月23日に決定した。そうして共同体とベルギー政府は、閉山を伴う減産の促進、域内外からの輸入制限と、炭鉱労働者への追加的支援措置などを59年末から63年まで実施したのである。

以上のように、共同体諸国は1958年から59年の石炭危機に直面したが、最高機関は危機宣言を発することを見送らざるをえなかった。それは、共同体全体として危機に対応することは、加盟国政府によって拒絶されたからである。ベルギーのように共同体が介入した例もあるが、原則的には各国が個別に石炭産業の保護、生産縮小を実施したのである。

3. パリ条約第56条の改正

だが、ベルギーの炭鉱をはじめ、共同体諸国の炭鉱経営の悪化は食い止められたわけではない。それどころか、エネルギー源の石炭から石油やガスへの転換はより進行し、石炭産業の斜陽化もとどまることはなかったのである。そうした状況から、共同体加盟国政府も最高機関も石炭産業の斜陽化を認めざるを

第 2 章　産業危機とヨーロッパ統合

えなかった。そのため、1959 年の共同体の年次活動報告書では、初めて採炭地域における産業構造転換の必要性が指摘されている[27]。したがって、延長された過渡期間が終了しても、解雇労働者の救済を打ち切ることは実情にそぐわなかった。

そこで最高機関は、労働者の救済を継続するため、パリ条約第 56 条改正の検討に着手する。このパリ条約第 56 条では、技術革新や新設備の導入によって解雇または配置転換される労働者に対し、当該国政府による支払いと同額の補償金が最高機関から支給されることが規定されていた[28]。最高機関はこの条件を改め、市況の悪化など一般的な経済状況の変化によって配置転換や解雇される労働者にも適用することを目指したのである。この改正は 1960 年 3 月 29 日に承認され、経営条件の悪化が原因の場合でも共同体による援助が可能になった[29]。すなわち、パリ条約第 56 条改正によって、それまで過渡的措置に関する協約に基づいて実施されてきた共同体による労働者への補償金支給は、延長された過渡期間が終了しても継続されることになったのである。

その結果、1960 年代から 70 年代前半においては、石炭産業の斜陽化に伴い、救済の対象は表 2-1 にみられるように炭鉱労働者に集中した。だが、第 2 次オイル・ショック以降の 70 年代末からは、鉄鋼業と鉄鉱石採掘業の労働者の方が多くの救済を受けるようになる。これは後に検討するように、オイル・ショック以降、鉄鋼業も経営危機に陥るからである。

そうした産業部門が危機を迎えた時期の違いを反映し、1970 年まではフランス政府が石炭鉄鋼共同体の援助を申請することは相対的に少なかった。これとは対照的に、石炭の産出量が多く、早くから石炭危機に見舞われていた西ドイツやベルギーは、共同市場開設以降 60 年代も多くの労働者が共同体の支援を受けたことはすでに指摘した通りである。具体的には、54 年から 59 年までの間に、ベルギーのワロン地域では約 2 万 9000 人、西ドイツでは 5 万 4200 人の炭鉱労働者が共同体の支援を受けたのに対し、フランスではわずかに約 6700 人の炭鉱労働者が受けたのみである。60 年代においてもフランスは同様の政策を採っており、60 年から 69 年まででもフランスでは 7400 人の炭鉱労

図 2-1　フランスにおける石炭生産量（石炭＋褐炭）と石炭産業の雇用者数

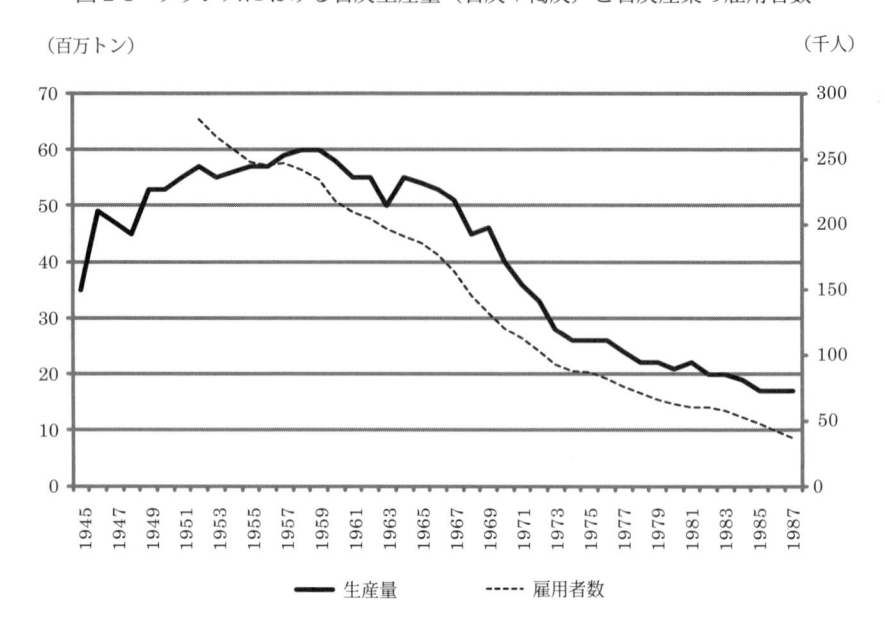

（百万トン）　　　　　　　　　　　　　　　　　　　　　　　　（千人）

出所：H. Saint-Jean, R. Saussac, I. Bailly, D. Lhotte, *Histoire économique en chiffres depuis 1945*, ellipses, 1989, p.66 et p.69 より作成。

働者が共同体から資金援助を受けたのみである。それ以後、フランスで多数の炭鉱労働者が共同体の支援を受けたのは、70年から75年と85年から93年であった。[30]

　また、鉄鉱石採掘業の労働者については、フランスでは1960年代前半に2164人が共同体からの資金援助を受け、後半には4612人がこれを受けた。共同体原加盟6カ国でも60年代前半に8470人、後半に1万436人が共同体の支援を受けており、60年代に鉄鉱石採掘量の減少に伴って、支援される労働者が増加していたのである。[31] 鉄鋼労働者については、後で触れるように第2次オイル・ショック以降の70年代末から共同体による支援が本格化する。

　これまで検討したように、オイル・ショック以前の第2局面において、共

同体によって加盟国全体に実施された危機対応は、解雇や配置転換を迫られた労働者への補償措置について、各国の政策に協力して資金提供することであった。すなわち、加盟国独自の方針に基づく退職者への補償金や職業訓練費の支給、配置転換となった労働者への移転費用支給などについて、各国政府の申請を受けて、共同体が給付の半額を負担したものである。

共同体による危機対応がこの補償措置にとどまっていた原因は、フランスをはじめとする加盟国政府が、最高機関による危機宣言に反対し、石炭の生産や取引に最高機関が介入することを拒否したためである。したがって、経営危機を迎えていた石炭産業に対し、共同体全体に一律の保護措置や生産割当などが実施されることはなかった。すなわち、危機対応は原則として加盟各国の国内政策に任されたのである。それは、この時期はフランスをはじめ西ヨーロッパ諸国の経済全体が高率の成長過程にあって、石炭危機は一産業部門の斜陽化として受け止められたためだと考えられる。すなわち、石炭から他の産業への地域的な産業構造の転換など、一国レヴェルの経済政策で対応可能であると判断されたことを示している。そのため、第2局面においても、共同体への行政権の移譲は大きな進展をみせなかったのである。(32)

第3節　オイル・ショックと鉄鋼危機への対応

1. シモネ・プラン

周知のように、戦後の西ヨーロッパにおける長期の経済成長を停止させて景気の停滞を招いたのは、1973年のいわゆる第1次オイル・ショックを契機とする生産コストの上昇と需要の減退であった。その後78年の第2次オイル・ショックもあって、景気停滞は慢性化し、ユーロ・ペシミズムと呼ばれる沈滞した状況がヨーロッパ経済を覆うことになるのである。ヨーロッパの鉄鋼業はそうした景気停滞の影響を強く受け、フランスでは図2-2のように74年に粗鋼生産2700万トンを記録したのを頂点として、生産は縮小の一途をたどるこ

図2-2　フランスにおける鉄鋼生産（1969～1989年）

(単位：千トン)

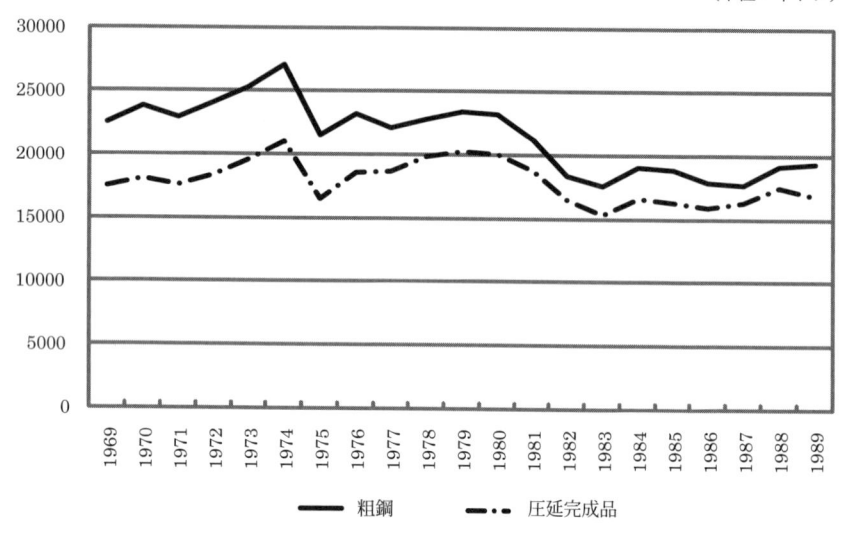

出所：INSEE, *Annuaire statistique de la France,* 1970-1990 より作成。

とになる。[33]

　そこでオイル・ショック後の第3局面では、ヨーロッパ各国政府や鉄鋼業界は不況対策に乗り出すが、共同体レヴェルでも対応を模索することになる。まず、各国政府が検討ないし実行していた不況対策を受けて、1976年6月にベルギー人の欧州委員会副委員長シモネ（Henri Simonnet）は[34]、鉄鋼業に関する共同体の新しい政策を提案した。その骨子は以下の6点である。①強制力を伴う生産調整の仕組みを完成させる。②価格をコントロールする。③企業の集中合併を統制する基準を制定する。④ヨーロッパの問題を国際問題として共同体で扱う。⑤必要な資金を投入する。⑥社会的影響を考慮する。

　この提案について審議された結果、委員会は1976年1月24日にいわゆるシモネ・プラン（Plan Simonnet）を採択した。すなわち、共同体は危機の長期化、深刻化が明らかになったこの時期に、独自の危機対応策を打ち出したの

である。その要旨は、まず 77 年 1 月 1 日から国ごと、企業ごと、製品ごとに生産計画をたて、生産割当を実施する。ただし、生産割当の受入れは各企業の任意とする。もし、この生産割当が価格維持の点で十分に機能しない場合は、最低価格を公表する。委員会は、共同体諸国の鉄鋼業界団体であるユーロフェル（Eurofer）と協議しながら、このシステムを機能させる。ユーロフェルは、西ドイツとベネルクス諸国の鉄鋼会社などで形成されていた複数の業界団体を統合し、共同体諸国の鉄鋼会社が参加する組織として、76 年 12 月 9 日に結成されたばかりであった。シモネ・プランによって共同体は、任意とはいえユーロフェルを介して共同体諸国の生産量を管理し、鉄鋼会社に生産割当を実施したのである。⁽³⁶⁾

だが、シモネ・プランが実施された 1977 年になっても、鉄鋼市況は改善するどころか悪化したため、同プランの効果が不十分であることは明白であった。自主的生産割当では、割当に応じない企業が存在し、また共同体諸国間で生産制限に成功したとしても、域外からの輸入が制限されないかぎり、過剰供給は解消されないからである。域外からの輸入については、この年の 2 月にユーロフェルでも指摘されたところであり、シモネの後任者で同じベルギー人であるダヴィニョン（Etienne Davignon）も、シモネ・プランの不備を認めざるをえなかった。⁽³⁷⁾

2. ダヴィニョン・プラン

そこで、ダヴィニョンは第 1 次ダヴィニョン・プラン（Plan Davignon）と呼ばれる一連の鉄鋼危機対応策を打ち出すことになる。まず、1977 年 5 月 1 日から共同体諸国の鉄筋に最低価格を設定することが発表され、6 月 28 日には鋼板にも最低価格を設定することが欧州委員会で承認された。この最低価格が設定された製品は、ユーロフェルに加盟しない中小企業の影響が強く、ユーロフェルとの合意に基づく自主的生産割当が有効に機能しない鋼材であった。

さらに、この 1977 年の 12 月には、翌年 1 月から域外からの輸入に関税を課すことを決定した。これは共同体の基準価格と輸入品価格との差額分を徴収

するもので、日本、韓国やスペインなどの安い鉄鋼製品の輸入に向けられた措置であった。共同体はこうした方法で1978年に鉄鋼価格を15％引き上げることを目指したのである[38]。

その結果、鉄鋼市況は1978年から徐々に改善され、この年に共同体諸国全体で価格が20％から25％回復し、翌年までに生産も回復した。だが、第2次オイル・ショックの影響を受けて、80年初頭には価格は安定していたものの、需要は5月から急速に減退した。そのため、生産も急激に縮小し、自主的な生産割当は崩壊して、その後の鉄鋼価格の大幅な下落も避けられなかった[39]。

こうして再び生じた景気の悪化に直面して、ダヴィニョンら委員会は1980年10月に鉄鋼部門の危機宣言と、強制的な生産割当の実施を閣僚理事会に提案した。すでに指摘したように、石炭鉄鋼共同体のパリ条約第58条によって、石炭や鉄鋼産業が需給の不均衡によって危機的状況にあると認められる場合は、共同体に供給を管理する権限が与えられていたからである。第2次ダヴィニョン・プランと呼ばれるこの提案に対しては、当初西ドイツ政府と同国の鉄鋼業界だけが反対した。だが、共同市場を維持するため、彼らも他の加盟国に同調して、10月31日には強制割当が実施されることになった。すなわち、ここで遂に危機宣言が発せられ、パリ条約第58条が適用されたのである。

このときに強制割当が実施されたのは、コイル、鋼板、鋳物などの主要鉄鋼製品で、他のほぼすべての製品は自主割当が継続された。割当量は各鉄鋼会社の1977年7月から80年6月までの平均生産量を基準として、製品ごとに基準から13％から20％少ない生産枠が四半期ごとに設定された。各鉄鋼会社は日々の生産量を委員会に報告することが義務づけられ、監視のために約100人の監査官が雇用された。1981年には、前年に事実上崩壊したユーロフェルが再編されて、いわゆるユーロフェルⅡが形成され、自主割当も実質的効果を発揮したのである。

こうした生産割当、価格維持と並行して、政府による鉄鋼産業支援にも共同体のルールを持ち込む「援助規定」（Code des aides）が、79年12月20日の閣僚理事会で承認された。この規定では、鉄鋼会社へ補助金を交付する際の基

第2章 産業危機とヨーロッパ統合

表 2-2 世界の粗鋼生産 （1945～1992年） （単位：百万トン）

年	フランス	EC12カ国	世界全体	世界に占めるフランスのシェア（％）	世界に占めるEC12カ国のシェア（％）
1945	2.0	14	113	1.8	13
1950	9.0	40	180	5.9	22
1955	12.0	60	266	4.5	22
1960	17.0	81	346	4.9	23
1965	19.0	117	448	4.2	26
1970	24.0	145	594	4.0	24
1974	27.0	168	709	3.8	23
1980	23.0	142	715	3.2	20
1985	18.8	135	719	2.6	19
1986	17.9	126	713	2.5	18
1987	17.7	126	740	2.4	18
1988	19.0	138	779	2.4	18
1989	18.7	144	786	2.3	18
1990	19.0	135	770	2.4	18
1991	18.4	135	736	2.5	18
1992	17.9	132	715	2.5	18

注：1989年以降は EC12カ国に東ドイツも含む。
出所：Henri d'Ainval, *Deux siècles de sidérurgie française,* Presses universitaires de Grenoble, 1994, p.279 より作成。

準として、生産設備の維持、拡大につながるものを制限し、環境保護に貢献する事業などを促進することが定められた。すなわち、共同体は鉄鋼業の生産力を削減するため、加盟諸国の産業助成に制約を加えたのである。[40] さらに、以前からの解雇労働者などへの資金給付については、各国政府と共同体が半額ずつ支給することが継続され、多くの労働者が給付を受けている。

　以上のように第2次ダヴィニョン・プランが実施され、共同体諸国の鉄鋼生産は表2-2のように縮小された。こうした生産縮小の結果、ようやく1985年3月26日に閣僚理事会で、危機宣言は同年の12月31日に取り下げられる

43

ことが決定され、同時に援助規定も廃止されることになった。生産割当は市況が改善された鋼材から徐々に緩和され、88年6月30日までにすべて廃止されたのである。(41)

3. フランス政府の対応

上記の共同体による生産削減プランに対応して、フランスでもフランス鉄鋼協会（Chambre syndicale de la sidérurgie française）によって1977年に生産縮小プランが発表されるなど、実際に鉄鋼生産は大幅に縮小されていく。具体的には図2-2にみられるように、フランスにおける粗鋼生産は74年の2700万トンから86年の1780万トンに減少し、その結果同じ時期の雇用労働者も図2-3のように15万7600人から6万8000人に激減したのである。

さらに、オイル・ショック以降の不況と減産の過程では、各鉄鋼会社は多額の債務を負い、資金不足に陥っていた。そのため、フランス政府は1978

図2-3 フランス鉄鋼業の雇用労働者数 （1973～1986年）

（単位：人）

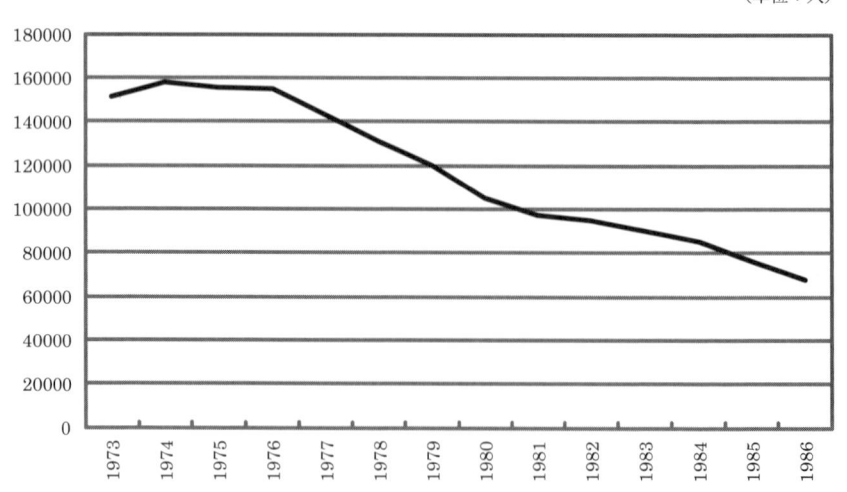

出所：Henri d'Ainval, *Deux siècles de sidérurgie française,* Presses universitaires de Grenoble, 1994, p.172より作成。

第2章　産業危機とヨーロッパ統合

年当時に3大グループを形成していた、シェール・シャティヨン（Chiers-Châtillon）、サシロール・ソラック（Sacilor-Sollac）、ユジノール（Usinor）に資本参加し、経営者人事にも介入した。そうした状況を背景に、79年にはシャティヨンとユジノールが合併し、86年には政府がそれぞれ90％の株式を所有していたユジノールとサシロールの経営陣を統合して、実質的な合併が実現した。さらに、90年にはユジノールがソラックを吸収合併している。このように、生産縮小と人員削減は、鉄鋼会社の国有化や集中合併と並行して進行した。すなわち、政府の介入によって、企業の統廃合を中心とする鉄鋼業界の再編を進め、生産縮小と人員整理も実行したのである。その際の生産割当は共同体の計画に従って実施され、人員削減への補償も共同体と協力して支給されたのである。[42]

その後、フランス政府は1995年にはユジノール・サシロールを民営化し、1997年にはユジノールに統合させるが、同社は2002年にスペインのアセラリア（Aceralia）とルクセンブルクのアーベット（Arbed）と合併し、アルセロール（Arcelor）を形成した。さらに、2006年にアルセロールはオランダに本拠を置くミッタル（Mittal）に買収され、ヨーロッパの枠をはるかに超えた世界規模のアルセロール・ミッタルが誕生することになる。このように、フランスの主要な鉄鋼メーカーは、オイル・ショック以後の経営危機の帰結として、ヨーロッパ規模の企業や世界規模の企業に吸収されたのである。[43]

以上のように、オイル・ショック後の鉄鋼業の経営危機に際して、共同体はシモネ・プランから任意とはいえ生産量の割当を業界団体と協力して開始した。それを引き継いだダヴィニョン・プランにおいては、共同体は鉄鋼業の危機を宣言して、域外からの輸入に関税をかけ、一部の製品には強制割当を導入して鉄鋼生産、供給の管理を強化したのである。さらに、加盟国政府の鉄鋼業保護の内容にも援助規定を設けて、共同体共通の枠を設定した。こうしてオイル・ショック以後の危機対応においては、それまで加盟国政府が行っていた産業政策に共同体が参画し、国家主権の共同体への委譲が大幅に進展したのである。フランス政府は、生産削減計画を共同体に任せつつ、鉄鋼会社を国有化し

て、整理統合を実施した。すなわち、鉄鋼業の整理縮小を政府と共同体が密接に連携して進めたのである。

おわりに

　ここではまず、これまで本章で検討してきた3つの局面における危機対応を要約、整理しておこう。それをふまえて、現代のユーロ危機において、EUや各国政府が担う役割の内容と、その可能性と限界を展望する。さらに、ヨーロッパ統合深化の意味を考察する。

　戦後の先進資本主義諸国では、政府が景気対策や社会政策に本格的に取り組んできたが、一国レヴェルでの対応には当然ながら限界があった。特に経済的に相互依存度の高い西ヨーロッパ諸国では、この限界は顕著であり、戦後の第1局面からヨーロッパ統合が実施されてきたのである。そこでは当初から連邦主義が掲げられ、ヨーロッパ連邦政府の形成を目指して、国家主権を段階的に共同体組織に移転させることがモネらによって構想されていた。すなわち、終戦直後の政治経済危機を克服するため、フランス政府はヨーロッパ統合を主導したのである。

　だが、実態としては国家主権の移転は遅々として進まず、創設されたヨーロッパ石炭鉄鋼共同体では各国政府の意向が尊重され、主だった政策は政府独自の方針に委ねられた。それは、1950年代には戦後成長が本格化し、共同体の介入がなくてもフランスなどにおける石炭不足が解消され、戦後危機は回避されたことも一因となっている。その後の第2局面では、石炭過剰による石炭危機への対応などを通して、共同体は解雇労働者への補償などで政府の行政権限の一部を補完した。だが、ベルギーの事例を除けば、石炭産業の縮小や採炭地域の産業構造転換にかかわる政策は、フランスなど加盟国政府の手に残されたのである。

　オイル・ショック後の第3局面では、鉄鋼産業の危機に直面して、共同体

第2章　産業危機とヨーロッパ統合

が鉄鋼製品の生産割当や輸入制限を実施し、同産業への政府による助成にも規定を設けた。すなわち、それまで各国政府が実施していた政策を共同体が担い、政府の活動にも制約を加えたのである。したがって、この時期の危機対応において、政府を超えた共同体による政策の必要性が認められ、加盟諸国は行政権限をそれまで以上に共同体に委譲したのである。

　特にオイル・ショック以降の経済危機は、ユーロ・ペシミズムと呼ばれる閉塞状態を招き、1980年代半ばのドロール（Jacques Delors）が欧州委員長を務めていた時期には、ヨーロッパ統合は大きな深化を始めることになる。その成果として、マーストリヒト条約の締結とEUの発足、単一市場の形成、統一通貨ユーロの導入へとつながることになるのである。すなわち、オイル・ショック後の経済危機対応の経験を通して、共同体の重要性ははるかに高まり、80年代後半からヨーロッパ統合が新たな深化の段階に突入したと考えられる。

　したがって、現在のユーロ危機への対応を通しても、ヨーロッパ統合を一段と深化させる可能性は少なくない。財政規律を厳格化する新財政協定が実施されれば、これまで実質的に加盟国政府に委ねられてきた財政運営は、EUによって厳しく監視、制約されることになる。これは、ヨーロッパ中央銀行を設立して、ユーロを導入したことによって金融政策を一元化したことに続き、財政運営にも共通のルールを持ち込むことになる。すなわち、財政政策と金融政策が分離したこれまでの不安定な状況は解消され、ヨーロッパ諸国が一つの連邦国家を形成する方向に大きく前進するのである。

　だが、問題を抱えたギリシャやスペインなど、すべてのEU加盟国が統合の深化に追随できるとは限らない。さらに、今回の危機対応がEU諸国の結束を強めたとしても、それによって危機が克服できる保証はどこにもないことも事実である。今回の危機が、これまでと比べても一段と深刻であり、高いレヴェルを誇ってきた社会保障水準の低下は回避できず、金融システムや国家財政など経済の基盤が崩壊の危機に瀕しているからである。

　以上のヨーロッパ諸国やアメリカ、日本などの従来の先進資本主義諸国は、リーマン・ショック以降、高い失業率、財政赤字と低成長など、経済危機に喘

いでいる。だが、その一方で、中国やインドなどに代表される新興国は高い経済成長を継続しており、世界的にみればすべての国や地域を経済危機が覆っているとはいえない。この事実は、現在の危機が先進国経済の地位を相対的に低下させていることを示している。だが、オイル・ショック以降に世界経済における比重を低下させたフランスなどヨーロッパ諸国は、経済統合を深化させることで、一国レヴェルの経済力や発言力の低下を補ってきた。換言すれば、新興国の台頭や日米との競争に対応するため、フランスをはじめ EU 諸国は統合を深化させてきたのである。

第3章　ユーロ危機とイギリス

――通貨統合不参加の背景と影響――

菅原　歩

はじめに

　本章の課題は、ユーロ危機がイギリス経済にどのような影響を与えたかということと、その影響はイギリスのユーロ不参加と関連があるかを検討することである。これらの分析によって、ユーロ危機後のイギリス経済の状態、言い換えると、経済的危機に陥っているかどうか、もし危機に陥っているとしたらそれはどの程度の深刻さ、を明確にすることが本章の目的である。[1]

　問題をより具体的にするため、リーマン・ショック以降のイギリスとユーロ圏の経済パフォーマンスを比較する。ユーロ圏については、全体のデータと、域内の2大国でありイギリスと経済規模も近いドイツとフランスのデータを取り上げる。表3-1により2008年から2011年のイギリス、ユーロ圏、ドイツ、フランスの実質GDP成長率をみる。リーマン・ショックが起こった2008年には、ユーロ圏とドイツがプラス成長で、フランスとイギリスがマイナス成長となっている。リーマン・ショックの影響が最も大きかった2009年には、ドイツのGDPの落ち込みが最大であり、イギリスがそれに次いでいた。ギリシャ危機開始後の2010年には、ドイツが急回復を示し、イギリスがそれに次ぐ成長、フランスはやや回復という状況であった。2011年は、ドイツの成長率は依然

表 3-1　実質 GDP 成長率：年　　　　　　　　　　　　（単位：%）

	2001	2002	2003	2004	2005	2006
ユーロ圏	2.0	0.9	0.7	2.2	1.7	3.3
ドイツ	1.6	0.0	−0.4	0.7	0.8	3.9
フランス	1.8	0.9	0.9	2.3	1.9	2.7
イギリス	3.2	2.7	3.5	3.0	2.1	2.6

	2007	2008	2009	2010	2011
ユーロ圏	3.0	0.4	−4.3	1.9	1.4
ドイツ	3.4	0.8	−5.1	3.6	3.1
フランス	2.2	−0.2	−2.6	1.4	1.7
イギリス	3.5	−1.1	−4.4	2.1	0.7

出所：IMF, World Economic Outlook Database, April 2012 より作成。

として高く、フランスは前年と同程度の成長、イギリスは成長率を大きく低下させた。イギリスは、2008 年のユーロ圏・ドイツに先駆けたマイナス、2009 年のドイツに次ぐ大きなマイナス、2010 年のドイツに次ぐ成長、2011 年の停滞と、大きな変動を示している。

　表 3-2 により GDP の変化をより詳細に四半期ごとにみる。リーマン・ショックによる不況期には、イギリスは 2009 年第 3 四半期までマイナスであるのに対し、ドイツ、フランスは第 2 四半期から回復を示し、ユーロ圏も第 3 四半期にはプラス成長となっている。ギリシャ危機・ユーロ危機の時期には、イギリスは、2010 年第 4 四半期、2011 年第 2 四半期、第 4 四半期、2012 年第 1 四半期にマイナスとなっている。他方で、ユーロ圏、ドイツ、フランスは、ユーロ危機にもかかわらず 2010 年第 4 四半期から 2011 年第 3 四半期まではプラスを維持していた。2011 年第 4 四半期になると、ユーロ圏、ドイツはマイナスとなったが、フランスはプラスを維持している。2012 年第 1 四半期には、ドイツ経済は回復し、ユーロ圏とフランスはゼロ成長であった。ギリシャ危機・ユーロ危機のさなかに、ユーロ圏ではないイギリスでユーロ圏よりも大きく経済が悪化した。イギリスは、多くの四半期にマイナス成長となり、2011 年第

第3章　ユーロ危機とイギリス

表 3-2　実質 GDP 成長率：四半期　　　　　　（単位：%）

	2008Q1	2008Q2	2008Q3	2008Q4	2009Q1	2009Q2	2009Q3	2009Q4
ユーロ圏	0.6	−0.4	−0.6	−1.9	−2.8	−0.2	0.4	0.3
ドイツ	1.2	−0.4	−0.4	−2.4	−4.3	0.3	0.8	0.8
フランス	0.4	−0.7	−0.3	−1.5	−1.6	0.1	0.2	0.6
イギリス	0.7	−0.1	−0.9	−1.8	−2.2	−0.8	−0.3	0.5

	2010Q1	2010Q2	2010Q3	2010Q4	2011Q1	2011Q2	2011Q3	2011Q4
ユーロ圏	0.4	0.9	0.4	0.4	0.8	0.2	0.1	−0.3
ドイツ	0.5	2	0.8	0.5	1.5	0.1	0.6	−0.2
フランス	0.2	0.5	0.4	0.3	0.9	0	0.3	0.1
イギリス	0.4	1.1	0.7	−0.5	0.2	−0.1	0.6	−0.3

	2012Q1
ユーロ圏	0.0
ドイツ	0.5
フランス	0.0
イギリス	−0.3

出所：IMF, *International Financial Statistics* および Eurostat ウェブサイトより作成。

4四半期からは2期連続のマイナスで、テクニカルな意味で景気後退に入った。

　ユーロに参加していないことから、直感的には、イギリスは、ユーロ圏の経済危機を遮断しやすい立場にあるように推測される。実際に、2010年の景気回復期には、ユーロ不参加が景気回復に大きく貢献したと評価されていた。しかし、2011年には、ユーロ圏よりもイギリスの経済が大きく悪化した。2011年の状況は、新しい問題を提起しているように思える。結論をあらかじめ述べれば、銀行貸出の低下、欧州債務危機による財政規律への市場圧力、それと金融依存の経済構造が、2011年のイギリスの経済停滞とその後の景気後退をもたらした。

　以下、本章では、第1節でイギリスのユーロ不参加の要因を考察し、第2節ではユーロ救済へのイギリスの対応を、第3節ではイギリスの対外経済構

造を示し、第 4 節ではイギリスの経済政策の効果を、第 5 節では 2010 年末からの景気停滞の要因を検討する。そして「おわりに」で結論を述べる。

第 1 節　イギリスのユーロ不参加の要因

1. イギリス・EU 関係史

　イギリスのユーロ不参加は、ECSC 結成以降のイギリスの欧州統合への対応を振り返れば、不自然なことではない。イギリスは 1951 年の ECSC、58 年の EEC のいずれにも参加しなかった。61 年にイギリスは内外の経済の変化への対応策を求めて EEC への加盟申請を行ったものの、フランスのシャルル・ドゴール（Charles de Gaulle）によって加盟を拒否された。67 年には再度加盟を申請し、再度ドゴールに拒否されている。70 年にイギリスは 3 度目の EEC 加盟申請を行い、ドゴールの退場もあって 73 年についに欧州統合への参加を果たした。そのときには、EEC は EC になっていた[2]。その間、72 年 4 月には、EEC6 カ国がスネークと呼ばれた域内為替安定制度を創設した。5 月には、イギリスもスネークに参加したものの、早くも 6 月に同制度から離脱している[3]。

　イギリスは、1973 年に EC 加盟を実現したにもかかわらず、74 年には加盟条件の再交渉を行い、75 年には EC 残留を問う国民投票を行っている。結果は、67.2％の得票率での EC 残留であった[4]。79 年には、スネークを発展させた欧州域内の固定為替相場制度である ERM（為替相場メカニズム）が発足した。ERM にはイギリスを除く EC8 カ国が参加した。イギリスはここでも欧州通貨統合に参加しなかった[5]。80 年代、マーガレット・サッチャー（Margaret Thatcher）時代のイギリスは ERM への不参加を継続した。しかし、サッチャー政権末期の 90 年 10 月に、イギリスは ERM に参加した[6]。

　1992 年のマーストリヒト条約は、3 段階での EU の通貨統合を決定した。第 1 段階は EU の全加盟国の ERM 参加、第 2 段階は 94 年の欧州中央銀行の

第3章 ユーロ危機とイギリス

機構構築、第3段階は99年の統一通貨導入と欧州中央銀行の営業開始であった。イギリスは、91年のマーストリヒト会議において、EU通貨統合の第3段階に参加しない「選択的離脱（オプト・アウト Opt-Out）」の権利と、EU域内における労働条件共通化を促進する共通社会政策からの「選択的離脱」の権利を得たうえでマーストリヒト条約への調印を行った。しかし、92年9月、ポンド売り投機に対して固定相場を維持できなくなったイギリスはERMを離脱した。

2. 通貨統合不参加の要因

1997年5月に発足した労働党トニー・ブレア（Tony Blair）政権は、EU通貨統合の第3段階への参加・不参加を決定しなければならなかった。97年7月に、ゴードン・ブラウン（Gordon Brown）財務相は通貨統合参加の「5つの条件」を発表した。「5つの条件」とは、イギリスとユーロ圏との経済的収斂、ユーロ圏経済は柔軟か、ユーロ参加は対英投資に有利に働くか、ユーロ参加は金融サービス業に有利に働くか、ユーロ参加は経済成長・雇用に有利に働くか、というものであった。財務省による「5つの条件」検討の結果、97年10月に、ブラウン財務相は99年のユーロへの不参加と2002年の総選挙前にユーロに参加することはないと宣言した。

もう一方の通貨当局であるイングランド銀行は、1998年の時点で、いずれかの国の財政赤字がユーロ参加基準を超えて増大した場合に、その国のユーロからの退出手続きがないことを含めて、大混乱が生じることを警戒していた。

ユーロへの参加・不参加については、労働党と保守党の間で政策に相違があったのではなく、2大政党それぞれの内部で見解が分裂していた。これは欧州統合開始以降のイギリス政党政治の一般的な状況であった。また、1990年代の通貨統合参加を問う世論調査では、常に通貨統合参加反対が多数を占めており、国民の多数は通貨統合不参加を支持していた。97年10月の世論調査では、ユーロ参加賛成27％、反対54％、態度未定19％であった。

53

イギリスの通貨統合不参加の要因は、一般的には、政治面での国家主権に対する強いこだわりと、経済面での経済政策の自由度の維持であったとされる。経済面については後述する。ここでは政治面の要因である「主権へのこだわり」を検討する。例えば、坂田豊光氏は、「イギリスのユーロ導入が議論されて久しいが、その方向性はいつまでたってもみえてこない。その背景には、国家に関わるすべての主権を手放したくないという国民性があると考えられる」と述べている。このような見解は珍しいものではない。しかし、このような説明のみでは、イギリス以外の国は主権に対するこだわりがないのかという疑問や、国家が元来主権に固執するものだとすると、ユーロ参加国がなぜ主権の一部を手放したかという疑問が生じる。

　このような政治面での不参加の要因についての問題点に対して、国際政治の分野では、力久昌幸氏が、EU諸国を、集権的政治制度を有するか分権的政治制度を有するかで分類し、イギリスの政治制度がEU内でギリシャに次いで集権的であるとし、ドイツが最も分権的な国であるとしたうえで、「集権的制度編成のシステム下で強力な政治権力を有してきた与党指導部は、欧州統合によって不可避的にもたらされる主権の削減という事態に適応する上で、多大な困難を有している。……分権的制度編成の政治システムにおいては与党指導部が自己の立場を貫徹することは非常に困難であり……。分権的制度編成のシステムの与党指導部は、欧州統合によってもたらされる超国家的機関に対する国家主権の移譲について、それほど受入困難なものだとは見なさないだろう」と説明している。力久氏の説明は十全ではないかもしれないが、国民性という漠然とした要因によらずに、検証可能な政治制度を説明変数としている点で、通貨統合不参加の要因の理解に大きな貢献をしている。

　1997年の労働党指導部内での通貨統合不参加の決定過程についてはいくつかの異なった見解が示されている。鈴木一人氏は、「ブレアは政権に就いた直後からユーロ参加に向けて準備を進めていた。しかし、財務相であったブラウンはユーロ参加に対して懐疑的であり……財務省主導でユーロ参加に関する5つの条件を設けた。これらのハードルはきわめて厳しく、ブレアがユーロ参加

第3章　ユーロ危機とイギリス

に独走しないよう、ブラウンが歯止めをかけたものと考えられている」とし、ブレアがユーロ参加派、ブラウンがユーロ不参加派としている。ブレア自身は、「初めのうち、1997年には、彼（ブラウン）のほうが単一通貨寄りの姿勢を見せ、私がそれに抵抗していたのである」とし、ある時期には、ブレアがユーロ不参加派、ブラウンがユーロ参加派であったと述べている。力久氏は、メディアの間でのさまざまな憶測の1つとして「ある見方によれば、ユーロ参加に積極的なブラウン蔵相が、慎重な態度をとるブレア首相に対して、1999年のユーロ発足後、できる限り早期に参加するという立場を表明することを迫っているとされた」としている。

第2節　ユーロ危機へのイギリスの対応

1. 非ユーロのEU国、非EU国

　ユーロ支援策には、EUによるものやユーロ圏によるものなどいくつかの形式がある。例えば、ギリシャはEUに支援を要請したが、実際には支援の資金拠出はドイツをはじめとするユーロ圏諸国のみが行っている。このようなことが生じるのは、イギリスがEUの一員ではあるが、ユーロには不参加なためである。そのため、ギリシャ支援の際、フランスのニコラ・サルコジ（Nicolas Sarközy）大統領は、ギリシャ支援がEUによって行われるかユーロ圏のみによって行われるかはイギリスの態度に依存すると述べた。結局、イギリスはギリシャ支援を拒否し、その後も基本的にユーロ救済に不参加の態度をとっている。しかし、西・北ヨーロッパ、あるいは2004年の東欧・地中海10カ国EU加盟以前のEU15のなかで、EUに属しながらユーロに不参加なのはイギリスのみではない。各種のユーロ支援パッケージは参加国の属性によってその性質を異にすることがあるため、西・北ヨーロッパ諸国の属性を確認しておくと、非ユーロのEU加盟国は、イギリス、スウェーデン、デンマークの3カ国である。デンマークは、イギリスと同様に1993年のマーストリヒト条約批

55

准の際に、通貨統合に対する「選択的離脱」権を獲得していた[18]。スウェーデンは福祉国家的財政政策を維持するためにユーロに参加しなかったという説明[19]と、98年時点でスウェーデン・クローネの対欧州通貨相場が安定していなかったためにユーロから除外されたという説明がある[20]。ユーロ発足後、デンマークは2000年に、スウェーデンは2003年にユーロ参加可否の国民投票を行ったが、両国ともに否決であった[21]。ただし、デンマークは1999年に、ユーロに対する固定相場制でユーロ参加の必要条件でもあるERM Ⅱに加盟している。イギリスとスウェーデンはERM Ⅱにも加盟していない[22]。

西・北ヨーロッパの他の国々をみると、アイスランド、リヒテンシュタイン、ノルウェー、スイスの4カ国はEFTA（European Free Trade Association）という自由貿易圏を形成している。EFTAは1960年にイギリスがEECに対抗するために形成した、当時の非EEC 7カ国による自由貿易協定であった。その後、当のイギリスがECに加盟しEFTAを脱退したが、EFTAは参加国を入れ換えつつ、規模を縮小しながらも継続されている。EFTAは1992年に、EUとの間にEEA（European Economic Area、欧州経済圏）協定を締結しており、両地域間の経済活動は自由化されている[23]。しかし、スイスはEEA批准を国民投票で否決しており、EFTAのなかでもユニークな地位にある[24]。

2. ユーロ危機への対応

2009年10月のギリシャの政権交代後、財政統計粉飾の発覚からギリシャ危機が始まった。2009年12月には格付け会社がギリシャ国債の格下げを始めた。ギリシャの財政危機に対して、ユーロ圏諸国とIMFは、2010年3月には220億ユーロの支援を用意し、4月には支援の用意は300億ユーロに増額された。結局、2010年4月にギリシャがIMFとEUに正式に支援を依頼し、5月にはユーロ圏800億ユーロ、IMF300億ユーロ、合計1100億ユーロの金融支援が決定された[25]。

イギリスのブラウン首相は、ギリシャ支援の検討当初から、ギリシャ問題はユーロ圏の問題であり英国民の税金によってギリシャを支援することはないと

第3章 ユーロ危機とイギリス

述べていた[26]。その結果、EUに持ち込まれたギリシャ支援は、ユーロ圏諸国によって行われた。

　2010年5月のアイルランド支援は、ユーロ危機で唯一イギリスが二国間ベースで資金を提供した支援であった。アイルランド支援では、EUによる「欧州金融安定メカニズム（EFSM）」の225億ユーロ、ユーロ圏諸国による「欧州金融安定基金（EFSF）」の177億ユーロ、IMFの225億ユーロの合計627億ユーロの支援が行われ、さらにイギリス・スウェーデン・デンマークの3カ国合計48億ユーロの二国間融資が追加された。イギリス・スウェーデン・デンマークの非ユーロ・EU加盟国は、EUによる「欧州金融安定メカニズム」にも資金を拠出している。イギリスがアイルランドに対してのみ二国間融資を行ったのは、イギリスに拠点を持つ銀行が隣国アイルランドに多額の投融資を行っていたためであると説明される[27]。

　2011年2月には、ドイツとフランスが「欧州金融安定基金（EFSF）」の保証負担増加の見返りに、高リスク国の財政危機の芽を未然に摘むための「競争力協定」をユーロ圏諸国に提案した。「競争力協定」は賃金・物価連動の撤廃、法人税共通化、年金受給年齢引き上げ、財政均衡法導入、銀行危機管理制度設立などを含んでいた。「競争力協定」は、2011年3月に、各対策の強制力を弱めた形でユーロ圏諸国に受け入れられた。「競争力協定」には、ユーロ圏17カ国だけではなく、非ユーロ国のブルガリア、ルーマニア、ポーランド、ラトビア、リトアニア、デンマークの6カ国も参加したため「ユーロ・プラス協定」となった[28]。デンマーク、ラトビア、リトアニアはERM IIの国々である[29]。その他の上記の東欧諸国もユーロ加盟を目指している[30]。1992年にマーストリヒト条約批准を、2000年にはユーロ加盟をそれぞれ国民投票で否決したデンマークが「ユーロ・プラス協定」に参加したことが注目される。デンマークでは将来のユーロ参加を論じる政党も出てきた[31]。しかし、イギリスは「ユーロ・プラス協定」にもまったく関与しなかった。

　イギリスとその他EU諸国およびユーロ圏との溝が一層拡大したのが、EUの新「財政協定」をめぐる2011年12月のEU首脳会談であった。この首脳

会談では、債務危機対策の資金として新設される「欧州安定メカニズム（EMS）」5000億ユーロ、「欧州金融安定基金（EFSF）」4400億ユーロ、IMFにEU各国の中央銀行が融資する2000億ユーロの合計1兆1400億ユーロの金融安全網が構築された。他方で、財政危機の発生を予防するために均衡予算と過剰財政赤字国への自動制裁発動を含んだ「財政協定」の制定も決定された。2011年12月EU首脳会談では、EU27カ国のうちイギリスのみが「財政協定」への不参加を表明した。イギリスの拒否により、「財政協定」は全会一致が必要なEU条約とならず、独自の新条約となった。[32]

イギリスの「財政協定」拒否の要因は、1つは財政自主権の一部が失われることへの懸念であり[33]、もう1つは近い将来のEUによる金融規制への懸念であった。イギリスのデービッド・キャメロン（David Cameron）首相は、「財政協定」を認める条件として、ロンドンにある欧州銀行監督機構を他国に移動させないこと、欧州銀行監督機構の権限がイギリスの金融監督当局に優越しないこと、EUの金融規制ルールを各国が柔軟に適用できることといった金融サービスに関する措置を要求した。それに対してフランスのサルコジ大統領は「イギリスへの特別措置は受け入れられない」とした。[34]

このように「財政協定」をめぐる交渉では、イギリス首相が、イギリスの金融街シティの利益を守ることを明言した点が際立った。イギリスの「財政協定」拒否を、英紙『フィナンシャル・タイムズ』は「首相はシティを守る立場を選んだ」と評し、ボリス・ジョンソン（Boris Johnson）・ロンドン市長は「ファイン・プレー」と評した。[35]

2011年12月EU首脳会談では直接の議題ではなかったが、金融規制については金融取引税も焦点となっている。金融取引税は、ドイツ・フランスが推進し、2011年9月には欧州委員会のジョゼ・マヌエル・バローゾ（José Manuel Barroso）委員長が2014年の導入を目指すと明言している。イギリスは、2011年9月の英独首脳会談では、キャメロン首相が「（金融取引税を導入すれば）取引が課税のないところに移る危険性がある」との懸念を表明した。イギリスのジョージ・オズボーン（George Osborne）財務相も「金融取引税

第3章　ユーロ危機とイギリス

はロンドンの心臓を狙った弾丸になりかねない」との強い意見表面を行った[36]。キャメロンは、2012年1月のダボス会議の場でも、金融取引税を「愚行」と非難している[37]。

2011年12月のEU首脳会談後に、キャメロンは「ユーロに入っていなくてよかった」と、ユーロ支援に明確に距離をおくイギリスの立場を象徴するコメントを出した[38]。また、キャメロンの「財政協定」拒否によって与党保守党の支持率が上昇し、ユーロ危機を前に欧州統合から距離をおこうとする世論が強まったことが示された[39]。

第3節　イギリスの対外経済関係

ここまででみてきたように、イギリスのユーロに対する距離の置き方は、EUのなかで際立っている。その要因は、EUによる財政政策・金融政策や金融制度への介入を拒否したいという政府や世論の志向である。これらの政策志向が、イギリスの他のEU諸国との経済関係が比較的小さいことから生じているかどうかを確認する。

表3-3で財輸出をみると、EUの比率は50〜60％と高い数字になっている。イギリスの財輸入についても輸出と同様にEUが50〜60％を占めている。他のEU諸国の域内貿易依存度も50〜60％程度なので、イギリスの財貿易のEU依存度は他のEU諸国と変わらない。サービス輸出でのEUの比率は40％程度と、財輸出よりは小さいものの、EU依存度はやはり高い。

第3節の最後にも示したように、金融サービス業のウェイトが高い点はイギリス経済の特徴である。その点からすると、投資の地理的方向性が、イギリスの政策志向に対して貿易よりも密接な連関を持っているかもしれない。すなわち、イギリスがヨーロッパに偏重しない多様な対外経済関係を持っていることが、ユーロ不参加やユーロ支援拒否の要因かどうかということが問題となる。

2000年代のイギリスの資本移動については、ドル基軸通貨体制との関係で

表3-3 イギリスの財・サービス輸出　　（単位：100万ポンド）

(a) 財輸出

	2001年	2002年	2003年	2004年	2005年	2006年
EU	114,373	113,689	111,252	111,678	121,448	152,512
世界	189,002	186,443	188,241	190,786	211,498	243,564
EU比率	60.5%	61.0%	59.1%	58.5%	57.4%	62.6%

	2007年	2008年	2009年	2010年
EU	126,784	141,834	124,700	142,208
世界	220,347	251,977	228,126	265,714
EU比率	57.5%	56.3%	54.7%	53.5%

(b) サービス輸出

	2001年	2002年	2003年	2004年	2005年	2006年
EU	36,850	38,306	41,710	46,071	49,855	54,799
世界	87,773	94,011	101,966	112,826	119,569	135,527
EU比率	42.0%	40.7%	40.9%	40.8%	41.7%	40.4%

	2007年	2008年	2009年	2010年
EU	62,490	69,682	68,208	67,940
世界	153,685	170,887	167,462	171,082
EU比率	40.7%	40.8%	40.7%	39.7%

出所：Office for National Statistics, *United Kingdom Balance of Payments* 各年より作成。

数多くの言及がなされている。議論の前提となるのは、巨額の経常収支赤字にもかかわらずドル価値が暴落しないのは、経常収支赤字を上回る巨額の対米資本輸出があるということである。さらにそこから、対米投資の地理的資金源はどこかという問題が検討されてきた。このような議論の定式化が、「グローバル・インバランス」論や「新ブレトンウッズ体制」論である。それらの議論によると、対米投資の資金源は、アジア諸国の対米貿易黒字、中東産油国の石油輸出収入、西ヨーロッパの投資資金であるとされた。[40]

　このようなドル基軸体制を支える国際的資金循環のなかで、国際金融セン

第3章　ユーロ危機とイギリス

ター・ロンドンが所在するイギリスにも大きな役割が与えられてきた。例えば水野和夫氏は、「石油輸出国は原油価格高騰で巨額の貿易黒字を手にし、英国経由で米国に資本を還流している」と簡潔に整理している。[41]安達誠司氏は、「2005年時点で、アメリカの経常収支赤字の約4割を中東マネーが、約2割をジャパンマネーが、約1割を中国およびアジアのマネーがファイナンスしている。……中東からユーロ市場への資金流入額は原油価格の変動とほとんど一致している」と詳細に述べている。[42]ユーロ市場の中心がロンドンである。

このように国際的資金循環におけるイギリスの役割についての研究者間の見解は一致しているものの、その検証はデータの制約によって行われてこなかった。例えば安達氏も、中東からユーロ市場への資金流入額や原油価格といった間接的なデータを使用している。データの制約については、ブレンダン・ブラウン（Brendan Brown）が「イギリスをめぐる資本流出入に関しては地域別内訳がない。ということは、イギリスが貯蓄余剰国から資本を輸入し、またみず

表3-4　イギリス対外資産の地理的分布：上位地域　　（単位：％）

	2001年	2002年	2003年	2004年	2005年	2006年	2007年	2008年	2009年
ユーロ圏	42.8	42.6	43.9	43.4	42.1	41.5	42.2	42.6	42.8
南北米州	28.6	27.0	27.0	29.0	31.5	33.1	31.8	35.6	35.0
内アメリカ	22.5	20.5	20.7	22.5	24.0	25.6	24.4	29.2	27.9
アジア	11.8	11.9	11.2	11.0	10.2	9.2	9.0	8.1	8.7

出所：Office for National Statistics, *United Kingdom Balance of Payments* 各年より作成。

表3-5　イギリス対外資産の地理的分布：小規模地域　　（単位：％）

	2001年	2002年	2003年	2004年	2005年	2006年	2007年	2008年	2009年
EFTA	5.6	5.5	5.7	4.4	4.3	4.0	5.2	4.4	3.7
その他欧州	3.2	3.8	3.8	3.7	4.4	4.9	4.6	5.6	3.1
香港・中国	1.5	1.2	1.2	1.2	1.3	1.5	1.4	1.1	1.4
日本	6.4	6.9	6.1	6.1	5.2	4.3	3.7	3.6	3.7
シンガポール	1.6	1.3	1.3	1.0	0.9	0.9	1.0	1.1	0.8
中東	0.8	0.9	0.8	0.7	0.8	0.7	1.0	1.1	1.1

出所：Office for National Statistics, *United Kingdom Balance of Payments* 各年より作成。

表 3-6　イギリス対外負債の地理的分布：上位地域　　　（単位：%）

	2001年	2002年	2003年	2004年	2005年	2006年	2007年	2008年	2009年
ユーロ圏	31.2	35.5	36.6	39.1	39.3	39.9	39.5	40.6	41.3
南北米州	32.6	28.2	29.8	29.9	30.7	31.3	30.2	33.1	33.3
内アメリカ	27.0	23.4	23.8	23.8	24.3	25.3	24.0	27.5	28.6
アジア	15.4	14.3	12.1	11.5	10.3	10.2	10.5	10.1	9.1

出所：Office for National Statistics, *United Kingdom Balance of Payments* 各年より作成。

表 3-7　イギリス対外負債の地理的分布：小規模地域　　（単位：%）

	2001年	2002年	2003年	2004年	2005年	2006年	2007年	2008年	2009年
EFTA	7.7	8.3	8.3	6.4	6.2	5.0	6.3	5.0	4.6
その他欧州	7.0	7.6	7.0	6.6	7.2	7.5	7.3	5.5	5.8
香港・中国	2.9	2.6	2.4	2.1	2.0	1.9	2.2	1.8	1.7
日本	7.0	6.5	5.0	4.9	4.1	3.9	3.9	4.3	3.9
シンガポール	2.1	2.2	1.9	1.7	1.4	1.4	1.5	1.5	1.3
中東	1.7	1.5	1.2	1.2	1.2	1.3	1.6	1.4	1.3

出所：Office for National Statistics, *United Kingdom Balance of Payments* 各年より作成。

からが米企業を買収するかたちでアメリカ向けに資本を流出させているというターンテーブル仮説に関しては、直接的な証拠が入手不可能であることを意味する」と述べている。

しかし、2005年以降の *United Kingdom Balance of Payments* が2001年からのイギリスの資本輸出入（残高）の地理的分布を公表している。表3-4から表3-7が、上記のデータに基づいてイギリスの資本輸出入の地理的分布の比率を整理している。まず、イギリスとユーロ圏の資本移動をみると、イギリスの対外資産の42%程度、対外負債の40%程度がユーロ圏に対するものである。対EUの数値も対ユーロ圏とほぼ同様である。貿易の場合と比較すると、イギリスの取引に占めるユーロ圏ないしEUの比率は小さくなる。しかし、ユーロ圏がイギリスの最大の取引相手であることは貿易の場合と同様であった。

次に「イギリスを経由した中東資金の対米投資」という仮説を検討する。イ

第 3 章　ユーロ危機とイギリス

表 3-8　イギリスの対米投資に対する中東資金の比率　（単位：10 億ドル）

	2001 年	2002 年	2003 年	2004 年	2005 年	2006 年	2007 年	2008 年	2009 年
証券・その他	725.1	618.7	670.8	716.1	741.0	1,088.3	1,138.9	1,312.5	1,492.3
中東資金	468.9	385.0	313.2	351.3	458.1	535.1	696.1	890.5	824.5
中東比率	64.7%	62.2%	46.7%	49.1%	61.8%	49.2%	61.1%	67.8%	55.2%

注：「証券・その他」は、イギリスの対米投資のうちの「証券投資」と「その他」の合計。
出所：Office for National Statistics, *United Kingdom Balance of Payments* 各年より作成。

ギリスの対外負債全体に対する中東資金の比率は、1.5％程度と、香港・中国、日本、シンガポールを下回る規模であった。しかし、表 3-8 で、*United Kingdom Balance of Payments* の対米投資のデータから「証券投資」と「その他」のみを取り出してみる。「その他」は主に預金からなると考えられる。これは、中東資金が比較的流動性の高い資産のみに投資していると仮定した処理である。イギリスの対米「証券投資」と「その他」投資に対する中東資金の比率は 50 〜 60％であった。この数字は大きいが、ここでは対英投資の中東資金がアメリカのみ、かつ「証券」と「その他」のみに向かったと仮定している。今回明らかになったイギリスの対外負債に占めるユーロ圏や EFTA の比率の大きさからすると、中東資金の一部は、大陸ヨーロッパを経由してイギリスやアメリカに向かったものと推測される。

　イギリスの対外経済関係について、直接に金融機関や金融市場の取引の地理的多様性が示されることが望ましいであろう。田中素香氏は「イギリスは世界の金融センターとしてドルビジネスとユーロビジネス双方を利用して繁栄してきた。イギリスの銀行は対アメリカ、対アジア関係も非常に密接だ」[44] と概説している。ここでは外国為替取引について、BIS の 2010 年のデータによってみてみると、2010 年の外為市場規模（直物とスワップの合計）は、イギリスが世界全体の 36.7％で 1 位、以下アメリカ 17.9％、日本 6.2％、シンガポール 5.3％、スイス 5.2％、香港 4.7％、オーストラリア 3.8％、フランス 3.0％、デンマーク 2.4％、ドイツ 2.1％と続いている。[45] 西ヨーロッパでは、イギリスに次ぐ市場は、スイス、フランスとなっている。また西ヨーロッパでは、イギ

63

表 3-9 外国為替取引：通貨別シェア（2010 年 4 月）　　（単位：%）

(a) 直物

	イギリス	スイス	フランス
ドル／ユーロ	35.2	37.5	43.2
ドル／その他	41.9	26.0	32.5
ユーロ／その他	15.8	15.7	20.7

(b) スワップ

	イギリス	スイス	フランス
ドル／ユーロ	33.8	25.7	42.9
ドル／その他	52.4	44.1	10.0
ユーロ／その他	6.6	9.8	46.6

注：1 日平均。
出所：奥田宏司『現代国際通貨体制』日本経済評論社、2012 年、136-140 頁より作成。

リス、スイスとユーロ不採用国に大規模な外国為替市場があることは注目される。ただし、ユーロ不採用国では自国通貨とユーロの取引額が取引総額の増加をもたらす点には注意が必要である。そこで自国通貨とユーロの取引額をみると、イギリスは直物 4.4%、スワップ 3.2%、スイスは直物 9.0%、スワップ 6.8% とそれほど大きくはない。

　表 3-9 より、イギリス、スイス、フランスの外為市場における取引通貨の比率をみると、最も大きな特徴は、イギリスの「ドル／その他通貨」の取引が直物 41.9%、スワップ 52.4% といずれも大きな比率になっていることである。全体的には、イギリスとスイスが類似し、フランスのデータがユーロを自国通貨とする大規模外為市場の特徴を示しているといえる。特に、スワップ取引では、非ユーロ国の国際金融センター（イギリス、スイス）でのドル関連取引の大きさが際立っている。「ドル／その他通貨」の取引比率の大きさという点から、外国為替市場では、イギリスの対外経済関係の多様性がみられる。

　最後に決済についてみておく。1999 年にユーロ圏各国の中央銀行は、TARGET と名づけられた即時グロス決済システムを形成した。TARGET には、ユーロ不参加の EU15 の 3 カ国であるイギリス、スウェーデン、デンマークが参加し、さらにエストニアとポーランドも参加していた。しかし、TARGET には各国の支払い指図書形式の違いや高額料金という問題点があった。そのため、2008 年に TARGET から TARGET2 へのシステム移行が行われた。TARGET2 は、中央銀行だけではなく民間銀行も参加する単一プラット

第 3 章　ユーロ危機とイギリス

フォームの即時グロス決済機構である。TARGET2 には、イギリスとスウェーデンの各中央銀行は参加しなかった。イングランド銀行はオランダ中央銀行にユーロ決済の口座を置いた。[46]

第 4 節　通貨統合不参加の影響——フリーハンドの効果

　通貨統合不参加の影響として第 1 に挙げられるのは、不況期に経済政策の自由度が確保されていることである。これは、大恐慌期に関するバリー・アイケングリーン（Barry Eichengreen）の「金の足かせ」説[47]や、より根本的には、固定為替相場、資本移動の自由、金融政策の自由の 3 つは同時には成り立たないという「国際金融のトリレンマ」の考え方に類似した見方である。ユーロへの参加を固定相場の一種とみれば、「金の足かせ」説やトリレンマ論がその

表 3-10　一般財政収支：対 GDP 比　　　　（単位：％）

	2001 年	2002 年	2003 年	2004 年	2005 年	2006 年
ユーロ圏	－1.9	－2.6	－3.1	－2.9	－2.5	－1.3
フランス	－1.7	－3.3	－4.1	－3.6	－3.0	－2.4
ドイツ	－2.8	－3.7	－4.1	－3.8	－3.4	－1.6
イタリア	－3.1	－3.0	－3.5	－3.5	－4.4	－3.3
イギリス	0.6	－2.0	－3.3	－3.4	－3.3	－2.6
アメリカ	－0.3	－3.9	－4.9	－4.4	－3.2	－2.0

	2007 年	2008 年	2009 年	2010 年	2011 年
ユーロ圏	－0.7	－2.1	－6.4	－6.3	－4.1
フランス	－2.8	－3.3	－7.6	－7.1	－5.3
ドイツ	0.2	－0.1	－3.2	－4.3	－1.0
イタリア	－1.5	－2.7	－5.4	－4.5	－3.9
イギリス	－2.7	－4.9	－10.4	－9.9	－8.7
アメリカ	－2.7	－6.7	－13.0	－10.5	－9.6

出所：IMF, World Economic Outlook Database, April 2012 より作成。

ままあてはまり、ユーロへの参加が金融政策の自由をそもそも放棄したものだと考えることもできる。財政政策の自由はトリレンマ論では直接触れられてはいないが、財政支出拡大がインフレにつながり対外通貨価値の下落圧力がかかるとすればトリレンマ論と同様になる。また、ユーロに参加していれば、財政赤字の年3%以内、債務残高GDP比60%以内という規制もある。(48)

近年のイギリスも、サブプライム危機とリーマン・ショックの後に金融緩和と財政拡大を行っている。まず財政政策からみると、表3-10より、2008年以降イギリスはユーロ圏、ドイツ、フランス、イタリアのいずれも上回る財政赤字となっている。特に、2009年と2010年は10%前後の大幅な財政赤字であった。2010年後半より財政引き締めに転じたが、2011年も依然としてユーロ圏諸国の財政赤字率を大きく上回っている。

リーマン・ショック後の2008年11月、イギリスは総額200億ポンド、GDP比約1%の景気刺激策を発表した。政策の中心は2008年12月から2009年12月までの1年間での付加価値税の17.5%から15%への引き下げで、減税規模は125億ポンドであった。(49) また、2008年10月には、大手銀行3行（ロイズ、HBOS、RBS）に370億ポンド（470億ユーロ）の公的資本注入を行った。イギリスの金融部門が他国よりも大きいことから考えると、銀行部門への公的資金支出も他国よりも大きかったと考えられる。2008年10月の公的資本注入額は、同年の財政支出の5.5%に相当した。同時期に同じく銀行への公的資本注入を行ったフランスをみると、注入額は105億ユーロ、2008年の財政支出の1%相当であった。(50) 以上より、イギリスはユーロ圏諸国よりも大規模な財政支出が可能であり、実際に大規模な財政支出を行ったといえる。

次に金融政策についてみる。イギリスの金融政策の自由度については、白井さゆり氏が、ITバブル崩壊後にイングランド銀行がECBよりも素早く利下げを行ったこと、まだ同じくイングランド銀行がサブプライム問題発生後の2007年12月、2008年2月、2008年5月とリーマン・ショック後の2008年10月から2009年3月まで利下げを行ったことを取り上げている。(51) 白井氏はまた、ECBが2007年6月と2008年4月に利上げを行い、2008年10月ま

66

第 3 章　ユーロ危機とイギリス

図 3-1　イングランド銀行と欧州中央銀行の政策金利：月次（単位：%）

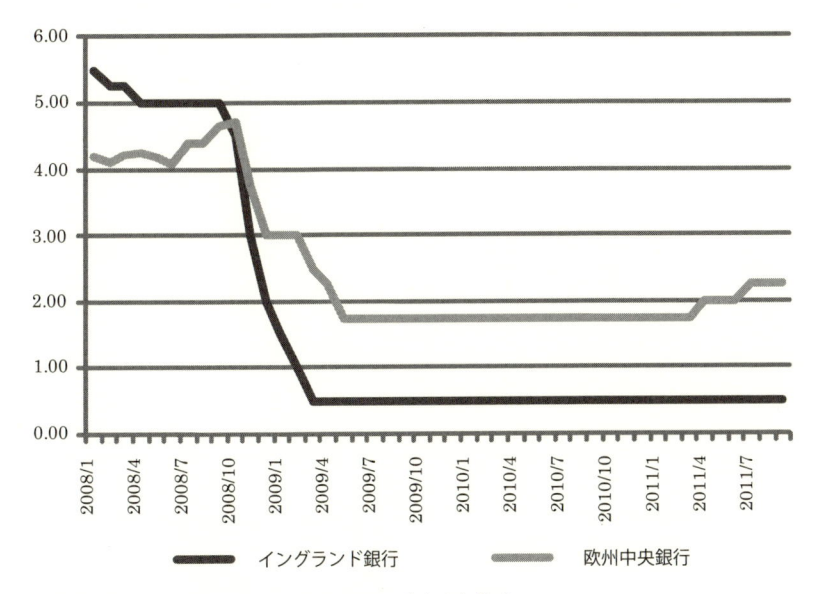

出所：IMF, *International Financial Statistics* 各年より作成。

で利下げを行わなかったことも取り上げ、イングランド銀行との対比を行っている(52)（図 3-1）。

　さらにイングランド銀行は、政策金利を 0.5% まで引き下げた 2009 年 3 月には、量的緩和政策を実施している。イングランド銀行の量的緩和の規模は当初 2000 億ポンドで、2011 年 10 月には 2750 億ポンドに増額され、2012 年 2 月にはさらに 3250 億ポンドへ増額された(53)。

　白井氏は、イギリスの金融政策の自由度に高い評価を与えているが、2010 年には、イギリスの景気回復を高く評価する見方は一般的なものであった。ウィリアム・アンダーヒル（William Underhill）は「イギリスは『おしまい』になどならなかった」と楽観的な見方を示している(54)。アンダーヒルは、イギリスの対外開放性と労働市場の柔軟性が大陸ヨーロッパよりも優れた点だとし、さらに「金融危機後に批判されたほどシティーへの依存度は高くなかった」「イギリスの製造業も斜陽気味とはいえ、それでも世界 6 位の製造業大国」「この

表 3-11　イギリス GDP（年）への部門別寄与度　　　（単位：%）

	2005	2006	2007	2008	2009	2010	2011
農業							
鉱工業	−0.2			−0.5	−1.6	0.3	−0.2
製造		0.2	0.1	−0.4	−1.3	0.4	0.2
資源	−0.2	−0.2		−0.1	−0.2	−0.1	−0.3
公益					−0.1		
建設	0.1	0.1	0.2		−0.7	0.4	0.2
サービス	2.4	2.7	2.7	1.0	−2.7	0.8	1.3
商業・宿泊・飲食	0.2	0.5	0.5	−0.2	−0.6	0.3	0.1
輸送・倉庫・通信	0.3	0.2	0.3	0.1	−0.4		0.1
企業サービス・金融	1.5	1.8	1.7	0.8	−1.5	0.3	0.6
政府	0.3	0.2	0.2	0.3	−0.1	0.3	0.3

注：空欄は 0 ないし極小。
出所：Office for National Statistics, *Statistical Bulletin: Quarterly National Accounts* 各四半期より作成。

事実がさほど目立たないのは多くの人の目に触れやすい消費者向けのブランドより航空宇宙産業や製薬業を強みとしているからだろう」と述べている[55]。この見方にはデータの裏付けもある。イギリスの GDP への部門別寄与度を示した表 3-11 をみると、2010 年に製造業は 0.4% と企業サービス・金融の 0.3% を上回っていた。

第 5 節　2010 年末からの景気悪化

2010 年までは、ユーロ不参加のもとでの経済政策のフリーハンドによってイギリスは景気回復の傾向を示していたが、2010 年第 4 四半期から状況が一変した。表 3-2 のように、2010 年第 4 四半期、2011 年第 2 四半期・第 4 四半期、2012 年第 1 四半期とマイナス成長に陥っている。

表 3-12 で、イギリスの四半期ごとの GDP 成長率に対する部門ごとの寄与

第3章 ユーロ危機とイギリス

度をみると、四半期GDPが増加しているときは、企業サービス・金融部門の寄与度が増加し、さらに生産部門の寄与度も増加している。2010年の回復の高い評価はここから生じている。他方で、四半期GDPが低下している時は、企業サービス・金融部門の寄与度が低下している。ここから、「シティへの依存度は思ったほど高くはない」という楽観論とは異なり、イギリスではやはり金融サービス部門が経済の中心であり、景気変動を主導していることが分かる。金融部門がイギリス経済の中心ということが確認されれば、リーマン・ショックがイギリスの金融部門に大きな打撃を与えたという基本問題に戻らざるをえない。

さらにギリシャ危機とその後のユーロ危機は、イギリス経済に2方向から打撃を与えた。1つは、ユーロ圏での財政引き締めによる景気停滞が、イギリスの財・サービス輸出にマイナスの影響を与えるという経路である。2011年12月に、オズボーン財務相は「ヨーロッパ全体が景気後退に向かうようであれば、イギリスだけがそれを回避することは難しい」と述べている。これは、第4節で確認したイギリスとユーロ圏の強い経済的結び付きからみても妥当な見解である。

もう1つは、ユーロ危機が欧州債務危機とも呼ばれるように、ユーロ危機によって国家債務への市場からの圧力が強まり、ユーロ不参加によってもたらされた経済政策のフリーハンド効果を制約したという経路である。イギリスでは、2010年6月の総選挙の結果、労働党から保守党・自由民主党への政権交代が起こった。キャメロン政権は、政権交代直後の6月に、付加価値税の2011年1月からの17.5%から20%への引き上げ、子供手当凍結、福祉給付抑制、公務員給与抑制などによる緊縮財政策を発表した。キャメロン政権は、財政赤字を2015年にはGDP比1%とすることを目指し、単年ではGDP比2%に相当する財政引き締めを行った。しかし、2012年2月には、格付け会社ムーディーズが、いずれもAaaの格付けを持つフランス、オーストリア、イギリスの国債の格付け見通しを「安定的」から「ネガティブ」に引き下げた。ムーディーズは、イギリスについては「景気見通しが厳しく、歳出削減の速度が鈍ること」

表 3-12　イギリス四半期 GDP への部門別寄与度　　　　（単位：％）

	2008Q4	2009Q1	2009Q2	2009Q3	2009Q4	2010Q1	2010Q2
農業							
鉱工業	－0.7	－0.8	－0.1	－0.1	0.1	0.2	0.2
製造	－0.7	－0.6			0.1	0.2	0.2
資源	－0.1	－0.1		－0.1			
公益						0.1	
建設	－0.3	－0.4		0.1	－0.1		0.4
サービス	－0.9	－1.5	－0.5	－0.2	0.4	0.2	0.4
商業・宿泊・飲食	－0.4	－0.2		0.2	0.3	－0.1	0.1
輸送・倉庫・通信	－0.1	－0.2	－0.1	0.1			－0.1
企業サービス・金融	－0.3	－0.9	－0.3	－0.4	0.1	0.1	0.3
政府	－0.1	－0.1				0.1	0.1

	2010Q3	2010Q4	2011Q1	2011Q2	2011Q3	2011Q4
農業						
鉱工業	0.1	0.1		－0.2		－0.2
製造	0.1	0.1				－0.1
資源		－0.1	－0.1	－0.2		
公益		0.1				－0.1
建設	0.2	－0.1	－0.1	0.2		
サービス	0.4	－0.4	0.7	0.1	0.6	
商業・宿泊・飲食	0.1		0.1		0.1	－0.1
輸送・倉庫・通信	0.1	－0.1			0.1	－0.1
企業サービス・金融	0.2	－0.3	0.3		0.4	
政府	0.1		0.3		0.1	0.1

注：空欄は 0 ないし極小。

出所：Office for National Statistics, *Statistical Bulletin: Quarterly National Accounts* 各四半期より作成。

をリスクとした。[58]

　フリーハンドのもう一方の金融政策は、外部からの制約は受けていないが、図 3-2 から分かるようにイングランド銀行の量的緩和政策にもかかわらず、2010 年第 2 四半期以降、通貨供給量はむしろ低下している。これにはい

第 3 章　ユーロ危機とイギリス

図 3-2　イギリスの通貨供給量と政策金利：月次　　（単位：10 億ポンド、％）

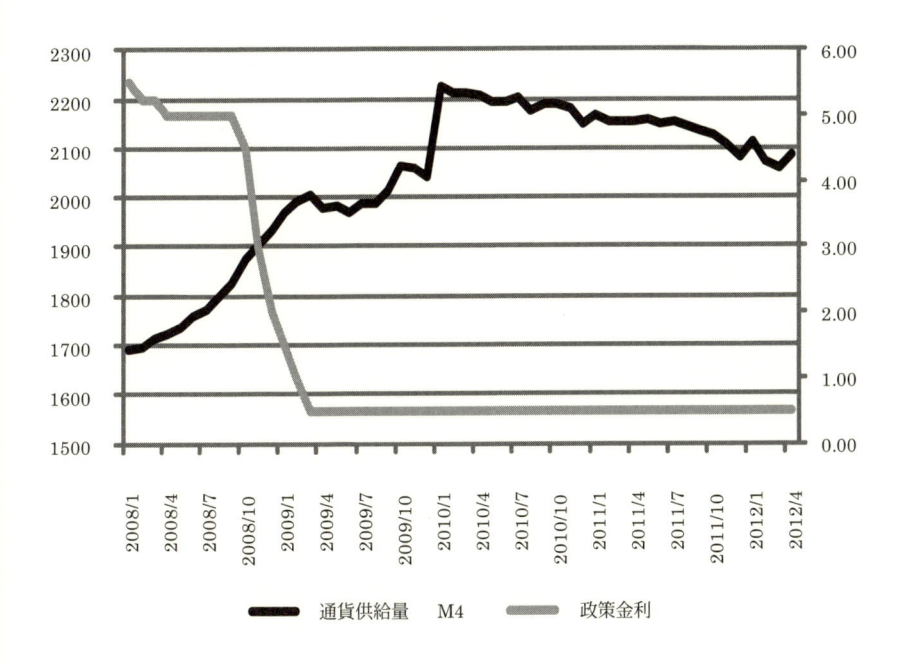

注：左軸は通貨供給量 M4、右軸は政策金利。
出所：IMF, *International Financial Statistics* 各年より作成。

くつかの要因が考えられる。第 1 は、資金需要の弱さである。第 2 は、銀行部門からの資金供給の鈍化である。これにもいくつかの要因が考えられる。まず、イギリスの住宅バブル崩壊が銀行に与えた打撃が継続した可能性である。1997 年から 2006 年のイギリスの住宅価格の上昇率は、同じ期間のアメリカの上昇率よりも高かった。他には、外国銀行の子会社・支店が、本国からの資金引き揚げによりイギリス国内での貸出を低下させた可能性である。2009 年の銀行貸出低下については、シーカー・アイアー（Shekhar Aiyar）が、ロンドンが国際金融センターであるために外国銀行の子会社と支店が数多くあり、リーマン・ショック後に外国銀行子会社と支店が、対外負債の減少以上にイギリス内での貸出を減少させたことを明らかにしている。第 3 は、ギリ

シャ危機・ユーロ危機で資産悪化のリスクに直面した銀行部門からの資金供給が鈍化した可能性である。PIIGS（ポルトガル、イタリア、アイルランド、ギリシャ、スペイン）向け貸付をみると、イギリスの銀行部門は、フランス、ドイツに次ぐ第3位の貸し手となっている[62]。これらの要因の検証は今後の課題である。

これまで経済政策のフリーハンド効果があったとされた1930年代や2001年ITバブル崩壊後のイギリスでは銀行部門の悪化は生じていなかった。リーマン・ショック後のイギリス経済の状況は、日本の1990年代の例にみられるような銀行部門悪化を伴った不況の深刻さを示しているといえる。

おわりに

冒頭に示した課題である「ユーロ危機がイギリス経済にどのような影響を与えたか」と「ユーロ危機の影響はイギリスのユーロ不参加と関連があるか」について、ここでは2010年と2011年に分けて結論をまとめる。2010年には、ユーロ危機はイギリス経済に悪影響を与えていたようにはみえず、イギリスはユーロ不参加で得た経済政策の自由度を活用して景気を回復させていた。しかし、2011年に入ると、ユーロ危機が直接・間接にイギリス経済に悪影響を与え始めた。直接には、大陸ヨーロッパの財政引き締めがイギリスに対する需要低下をもたらした。間接的には、ユーロ圏の債務危機がイギリス財政赤字への市場の警戒感も高め、イギリスの財政政策も緊縮へと転換された。金融政策については、2009年以降に量的緩和政策が採られたが、それにもかかわらず2010年第2四半期以降に通貨供給量が低下した。通貨供給量低下の一因は銀行貸出低下であるが、その要因が銀行部門のユーロ圏依存にあるかどうかを明らかにすることは今後の課題である。アイケングリーンの「金の足かせ」説など、従来のフリーハンド重視説は他の条件に立ち入った検討を加えていなかったように思える。2011年のイギリスの事例は、フリーハンドが機能しない場

第3章　ユーロ危機とイギリス

合の条件を検討する必要性を示している。今回のイギリスの事例は、銀行部門の健全性と財政規律への国内外の市場圧力がカギであることを示唆している。

　四半期ごとのGDP成長率に対する部門別寄与度からは、金融サービスが主導的部門であることが示された。1993年から2007年のイギリスの「15年景気」[63]においては、1990年代にはアメリカのIT産業の発展に伴うブームがあり、2000年代前半にはアメリカの住宅ブームや新興国の急成長があった。1990年代・2000年代前半とも大陸ヨーロッパも堅調に成長していた。イギリス経済は金融部門を通じて世界経済全体の成長の効果を自国に取り込んでいた。この点について、デアン・ジュリアス（DeAnne Julius）王立国際問題研究所所長は「英国は幸運にもグローバル化を味方にする産業構造をもっていた」と述べている。[64]

　しかし、このようにイギリス経済が金融依存であり、その金融部門は国際金融センターとして対外依存であるとすると、イギリス経済にはグローバルなショックも増幅されて伝わることになる。[65]したがって、イギリス経済の回復は、他地域の回復に先導された世界経済全体の回復に依存しているといえる。

第4章　アメリカの対外経済政策と成長モデル

大橋　陽

はじめに

　ブレトンウッズ体制崩壊以前からこれまで、アメリカの経常収支赤字の持続可能性、基軸通貨ドルの凋落をめぐって、断続的に論争が繰り広げられてきた。その議論の多くは、アメリカの経常収支赤字の持続可能性への不安が、ドルの暴落を伴う調整プロセスをもたらすというものであった。また、ドルの国際的地位の衰退懸念は、つねにドルが減価する時期に湧き上がってきたのである。しかし、何度もドル危機が囁かれてきたとはいえ、暴落のシナリオは実現しなかった。

　とりわけ1990年代に入ってから頻度を増してきた通貨危機や金融危機においては、ドルは流動性をもたらす緊急通貨としての役割を果たしてきた。ドルは長期的には価値低下傾向にあるとはいえ、危機のたびに価値を高め、また、米国債も「質への逃避」から買われてきたのである。

　2008年9月15日のリーマン・ショックでクライマックスを迎えた世界金融・経済危機（The Great Recession）の原因には、一方に、不適切な金融慣行・規制があり、他方には、アメリカの巨額の経常収支赤字に起因するグローバル・インバランス（global imbalances）があったといわれている。そのため、

ドルの暴落は起こらなかったとはいえ、グローバル・インバランス是正（global rebalancing）は G20 でもオバマ政権でも優先順位の高いアジェンダとなっている[3]。

本章では、米大統領経済諮問委員会『大統領経済報告』（以下、『白書』と略す）にみられる経常収支赤字のとらえ方の「ゆれ」、ドル価値の推移から、アメリカの成長モデルを描き出すことを目的とする。ここで成長モデルとは、成長戦略や成長パターンを意味する。本章を通して、1995 年以降、①ドル高政策期、②グローバル・インバランス期、③「危機」後、この 3 つの異なる成長モデルが明らかになるであろう。

本章の結論の含意は次の通りである。すなわち、オバマ政権の対外経済政策はグローバル・インバランス是正を志向してきたものの、成長モデルを確立するには至っていないということである。しかも異例の拡張的財政・金融政策をもってしても、雇用と所得を顕著に増加させることはできていない。国民生活の基盤を再建することができずに、ドル価値のゆるやかな低下と「グローバル・インバランスⅡ」と呼ぶべき事態を生じさせている。

第 1 節　アメリカの経常収支赤字とグローバル・インバランス

アメリカの経常収支は、第 2 次世界大戦以降、長い間黒字を計上し続けてきたが、1977 年に初めて赤字を記録した。84 年以降は、91 年を除き継続的に赤字を計上し続けている。80 年代の経常収支赤字は、インフレ抑制策に端を発する財政赤字と貿易赤字の「双子の赤字」であった。85 年 9 月 22 日には、貿易赤字の改善を意図してドル安誘導のプラザ合意（Plaza Accord）が成立した。また、86 年には純債務国に「転落」した。

図 4-1 は、1990 年から 2010 年までのアメリカの経常収支の動向を示している。1991 年、不況のため、一時的に経常収支黒字を記録した後、赤字が継続することになった。だが、赤字幅は 92〜97 年には対 GDP 比 2% 未満の比

第4章　アメリカの対外経済政策と成長モデル

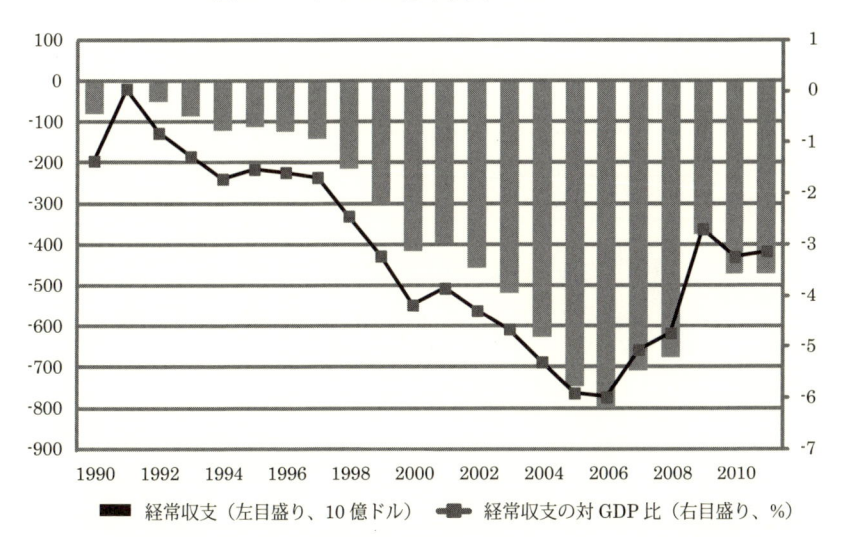

図 4-1　アメリカの経常収支（1990～2011 年）

出所：Bureau of Economic Analysis, International Economic Accounts, last revised on September 27, 2012; National Economic Accounts, last revised on September 27, 2012 より作成。

較的低位のものであった。

アメリカの経常収支赤字は、1998 年には対 GDP 比 2.4% となり、IT バブル崩壊時に一時的に赤字幅は縮小した。2000 年代には危険水域とされる対 GDP 比 4% を超え、2006 年に対 GDP 比 6.0%、8006 億ドルという歴史的ピークに達した。これは、1980 年代の水準をはるかに超えるものであった。

2008 年に世界金融・経済危機（以下、「危機」と略す）が起こると、経常収支赤字は 09 年には対 GDP 比 2.7%、3766 億ドルまで急速に縮小したが、10 年には 3.2%、11 年には 3.1% となっており、今後の趨勢はまだはっきりしていない。

このように 2000 年代にアメリカの経常収支赤字は未曾有の水準まで拡大した。図 4-2 は、1995 年から 2010 年における主要国・地域の経常収支の推移を示すものである。アメリカは、この期間を通じて最大の経常収支赤字国であった。イギリスも赤字国であったが、その規模はアメリカに比すべくもない。ア

図 4-2 主要国・地域の経常収支（1995～2010 年）

（単位：10 億ドル）

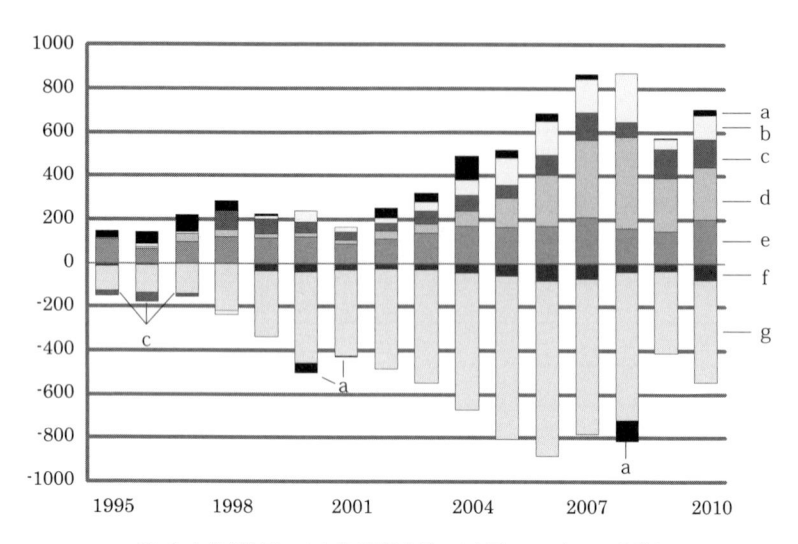

a ユーロ圏　b 中東産油国　c アジア新興市場　d 中国　e 日本　f イギリス　g アメリカ

注：アジア新興市場は、インドネシア、韓国、マレーシア、シンガポール、タイ、ベトナムを指す。
中東産油国は、アラブ首長国連邦、イエメン、イラク、イラン、オマーン、カタール、クウェート、サウジアラビア、シリア、バーレーンを指す。しかし、データが入手不能な国が多く、当該期間を通じてデータが入手可能なのは、イエメン、オマーン、クウェート、サウジアラビア、シリア、バーレーンのみである。

出所：International Monetary Fund, *Balance of Payments Statistics Yearbook and data files* より作成。

　メリカの巨額の経常収支赤字はどのように他の国・地域の経常収支黒字によってファイナンスされていたのであろうか。

　日本は一貫して経常収支黒字を計上し続けており、1997 年まではアメリカの赤字をほぼ埋め合わせる黒字幅であった。95 年の日本の経常収支黒字は 1110 億ドルであり、増減はあったものの、2010 年には 1958 億ドルまで増えた。しかし、2010 年のアメリカの赤字は 4709 億ドルに上るので半分にも満たない。また、ドイツも大幅な黒字を計上していたため、ユーロ圏全体も大体黒字であったが、赤字となる年もあった。

第4章　アメリカの対外経済政策と成長モデル

　2000年代にアメリカの拡大する経常収支赤字を埋め合わせたのは、中国などのアジア新興市場、中東産油国であった。1997年のアジア通貨危機を境に、アジア新興市場の経常収支には変化がみられた。中国は黒字幅を大きく広げ、2006年以降、最大の黒字国となり、2010年に3054億ドルの黒字を計上している。また、中国を除くアジア新興市場は赤字国から黒字国に転換した。さらに、中東産油国も2000年代のエネルギー価格高騰とともに黒字幅を広げてきたのである。

　このような「アメリカの経常収支赤字拡大と、日本、また、中国などアジア新興市場国及び中近東などの資源国の黒字拡大」という現象は、グローバル・インバランスと呼ばれるようになった。

第2節　経常収支赤字のとらえ方の「ゆれ」と成長モデル[4]

　1990年代半ば以降、アメリカの経常収支赤字は拡大を続け「危機」に至った。「危機」により経常収支赤字が急減したことは先に述べた通りである。本節では、『白書』にみられるアメリカの経常収支赤字認識の「ゆれ」を明らかにすることを通じて、95年以降、3つの成長モデルを見出していく。それは、①ドル高政策期、②グローバル・インバランス期、③「危機」後である。図4-3は、1995年から2011年におけるドルの実効為替相場の月次平均を示したものである。3つの成長モデルは、ドル相場の趨勢の転機によって区分されるといってよい。

　①ドル高政策期：ドルの実効為替相場は、1995年1月の87.06から2002年2月の112.19まで、28.8%増価した。1995年4月には80.33という低水準に達したが、そこから計算すれば、2002年2月までに39.7%上昇したことになる。

　②グローバル・インバランス期：2002年2月の112.19から、「危機」以前の底である2008年3月の70.35まで、ドルは37.3%減価した。

79

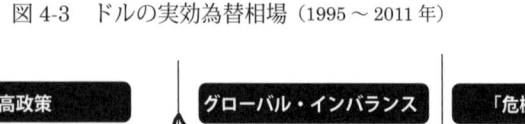

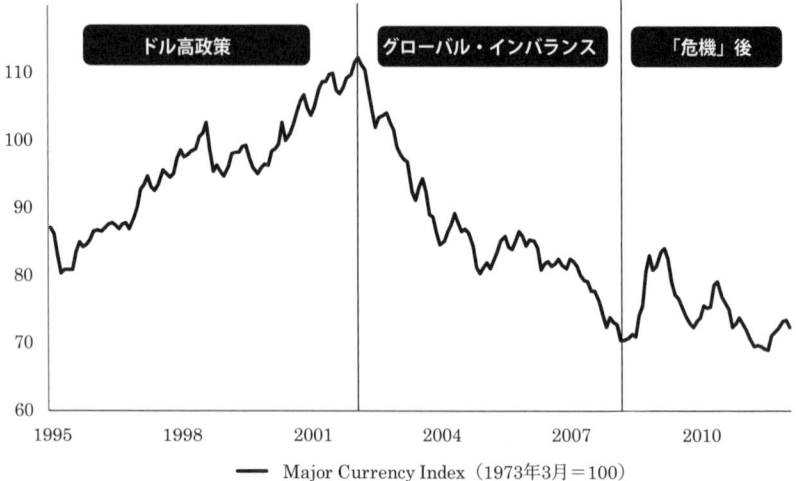

図 4-3 ドルの実効為替相場（1995 〜 2011 年）

凡例：ドル高政策　グローバル・インバランス　「危機」後

── Major Currency Index（1973年3月＝100）

出所：Federal Reserve Board, G.5. Foreign Exchange Rates, last released on March 19, 2012 より作成。

③「危機」後：ドルの実効為替相場の趨勢はまだ明らかではないが、歴史的低水準にある。2008 年 3 月に「危機」以前の底である 70.35 をつけた後、2011 年 8 月には史上最低を更新し、69.06 となった。その間、2009 年 3 月には 84.03 に上昇し、またゆるやかな低下を示した後、2010 年 6 月には 79.06 に今一度上昇した。危機に際しては一時的とはいえ増価しているのである。

1. ドル高政策期
（1）クリントン政権初期の「輸出行動主義」

1993 年、クリントンが大統領に就任したとき、経済は沈滞していた。だが、在任期間中、後からみれば史上最長の景気拡大を享受したことになる。諸研究によれば、その景気拡大は経済政策の成功のためとは必ずしもいえない。しかし、生産性成長を究極目標に据えた成長モデルとアジェンダは明快であった。そのアジェンダは、①財政規律の維持、②国民への投資、③市場開放（初期に

は貿易自由化、後にサービス貿易と投資の自由化）であった。

　クリントン政権最初の大統領経済諸問委員会（CEA; Council of Economic Advisers）の委員長には、ローラ・タイソン（Laura D'Andrea Tyson）が抜擢された。タイソンは、ホワイトハウス入り直前に上梓した著書で、ハイテク産業の実証分析に基づき、不完全競争と収穫逓増を前提とした戦略的通商政策（新貿易理論）を提唱した。

　1994年版『白書』においては、日本については7頁も割いて、日本が「異常な」（unusual）国であると断定した。

「日本の貿易パターンは他の主要工業国のパターンとは異なっているようにみえる。日本は、国内消費における財輸入のシェアが異常に低く、産業内貿易のシェアが異常に低く、対内直接投資ストックが異常に少なく、国内売上に占める外国企業のシェアが異常に低く、外国企業に比べて日本企業による企業内貿易のシェアが異常に高い。」（傍点は筆者）

　このように彼女は、二国間貿易赤字を問題視し、その原因を市場の閉鎖性や不公正な貿易に求め、「日本異質論者」（Revisionist）と酷似した議論を展開した。そしてクリントン政権の対外経済政策を「輸出行動主義」（export activism）と称し、自由貿易を標榜しながらも、場合によっては管理貿易も辞さない姿勢をとった。そうして、「国際貿易の拡大は、アメリカ人の所得を増大させるのに不可欠であり、輸出はアメリカの労働者に生活の糧をもたらすのにますます重要な役割を果たすようになっている」と主張し、輸出拡大を産出増と高雇用に結びつけたのである。

(2) ドル高政策期の経常収支赤字認識と成長モデル

　1995年、ウォール街出身のロバート・ルービン（Robert E. Rubin）が財務長官に就任すると、低水準で推移していたドル相場を前にして、「強いドルはアメリカの国益」との発言を繰り返すようになった。いわゆる「逆プラザ合

意」（Reverse Plaza Accord）である。

　輸出を促進し経常収支の改善を図るためには、ドル安（弱いドル）が望ましい。クリントンが大統領に就任した1993年1月とルービンが財務長官に就任した95年1月についてみると、ドルの実効為替相場はそれぞれ91.50と87.06でほとんど横ばいであった。しかし、対日貿易摩擦が過熱していたこの時期のドル／円相場をみると、同じ期間におよそ125円から100円を切る水準になり、さらに95年第2四半期には84円台となった。

　こうした為替相場の推移は、輸出を促進するために市場開放を行うという「輸出行動主義」にとっては都合のよいものである。しかし、ドル相場の下落は、交易条件の悪化およびインフレ・リスクを招き、金融引き締め政策が避けられない。その結果、金利が上昇し、それが今度は民間投資を抑制する。クリントン政権の描いた成長モデルは、財政赤字削減によって長期金利を低下させ、クラウンディングアウトを解消することで民間投資の促進、生産性の向上を図るものであった。その成長モデルと「輸出行動主義」は齟齬をきたすものだったのである。

　強いドルによって輸入物価を低位安定させれば、資本流入と金融緩和政策が相俟って金利を低下させ、民間投資が促されるであろう。そして、後述のように、資本収支黒字が重要だとの認識に立ち、国際資本移動の自由化を先進国だけでなく途上国に対しても迫るようになった。世界貿易機関（WTO）設立に象徴されるように、クリントン政権の市場開放というアジェンダが、商品貿易の自由化からサービス貿易と投資の自由化に力点が変わったのも必然であった。

　さて、ルービンが財務長官に就任し、空席となった国家経済会議議長（Director of the National Economic Council）にタイソンは転出した。そのため、『白書』は「輸出行動主義」から徐々に離れていった。スティグリッツによる1996年版『白書』では、市場開放と経常収支赤字とを論理的に切り離そうという姿勢がみられた。

　市場開放についていえば、引き続きグローバルな貿易自由化が最終目標で

第4章　アメリカの対外経済政策と成長モデル

ある。二国間交渉については、日本、韓国、中国を取り上げているが、タイソンのときのような攻撃的な記述はない。二国間交渉の狙いは、市場開放によって競争が促され、自国の経済システムが強化されることにあるという。他方、経常収支赤字については、市場の開放性や閉鎖性の問題としてではなく、貯蓄・投資バランス（ISバランス）論に則って説明された。経常収支はマクロ・バランスの問題で、貯蓄を増やすためには第1に財政赤字を削減しなくてはならない。

　イェレンによる1997年版『白書』以降、好調な経済を背景に、この議論をさらに進めるようになった。80年代アメリカの経常収支赤字は、財政赤字に原因がある「双子の赤字」であるのに対し、90年代のそれは旺盛な民間投資需要の反映だと主張したのである。その理由は財政赤字が縮小していることにあった。「民間貯蓄−民間投資」のマイナスが、単に貯蓄不足を表しているのではなく高水準の投資を意味するとすれば、それ自体に問題はない。アメリカが「魅力的な投資機会」を持っているがゆえに経常収支赤字＝資本収支黒字になっているのだ。この考え方はローソン・ドクトリン（Lawson doctrine）と呼ばれるものである。したがって、経常収支赤字削減を民間投資の削減によって達成するのは誤りであり、望ましい経常収支赤字水準を先験的に決めることはできないという。次の文章は、経常収支赤字に対する考え方をはっきりと示している。

「継続的な対外赤字は依然として心配の種であるが、対外赤字は通商政策ではなく、マクロ経済的要因によって引き起こされていることに留意しなくてはならない。対外赤字は、貿易が利益をもたらすかどうか、あるいは、わが国の通商政策が効果的であるかどうかについての試金石として用いられるべきではない。貿易赤字削減に最も効果的な政策の選択肢は、連邦財政赤字の削減もしくは解消にほかならない。」（傍点は筆者）

　かくして、クリントン政権期の『白書』をみてみると、1995年版以前と、

96年版以降では大きな違いがみられる。「輸出行動主義」に基づく95年版までは、経常収支赤字のなかでも二国間貿易赤字が問題視され、市場開放による貿易収支の改善が謳われ、輸出増が雇用増につながると論じられていた。それに対し、ドル高政策下の96年版以降は、経常収支は通商政策の問題ではなく、マクロ経済的な貯蓄・投資バランスの問題として扱われるようになった。経常収支赤字に対する懸念も若干みられ、財政赤字削減について言及されるものの、それはとりもなおさず、アメリカが提供する「魅力的な投資機会」によって資本収支黒字が生じていると読み替えられたのである。これについて、萩原伸次郎氏は「米国の対外経済政策が、財を中心とする貿易の自由化の推進という従来型のタイプから、資本の自由化を基軸とする政策へと変化してきている」と評価した。(10)

繰り返しになるがドル高政策期の成長モデルは次のものであった。一方で、財政赤字削減、他方で強いドルによる交易条件改善と資本流入が長期金利低下につながり、それによって、民間投資を促進し、生産性向上をはかるというものである。

2. グローバル・インバランス期

(1) グローバル・インバランス期の経常収支赤字認識

ブッシュ政権期に入っても、経常収支赤字に対する見方は、1997年版『白書』以降の「魅力的な投資機会」という考え方が踏襲された。(11) ブッシュ政権に入ってからはさらに一歩進んだ見解が出される。財政赤字と経常収支赤字の関連性について疑問を投げかけるものである。

「（海外からの資本流入が経常収支赤字＝資本収支黒字に反映されることは――筆者）近年の財政赤字拡大が経常収支赤字拡大と関連しているかもしれないことを示すが、政府赤字と貿易赤字が関連するという歴史的証拠はさまざまで何ともいえない。多くの学術研究が示すところによると、その他の国内的あるいは国際的要因が、政府赤字よりも重要な影響を経常収支

第4章　アメリカの対外経済政策と成長モデル

に与えているという。近年のアメリカの経験はこれを支持するものである。1990年代に、連邦財政黒字は増えつつあったが、経常収支赤字の大幅な拡大が生じた。1997年から2000年までに、経常収支赤字はおよそ3%ポイント増加した。同じ時期に、財政収支は、わずかな赤字から対GDP比2.5%の黒字となった。2000年以降、財政は対GDP比で数%ポイント赤字となったが、経常収支赤字は対GDP比でわずか1%あまりしか拡大していない。これらの数字が示すのは、経常収支と連邦財政は密接な動きを示さないこと、そして財政赤字は、90年代以降における経常収支赤字の拡大のいくつかの推進力の1つにすぎない、ということである」(12)（傍点は筆者）。

この2004年版『白書』以降、財政赤字拡大（立て続けの減税、対テロ戦争の巨額の戦費）が経常収支赤字拡大をもたらすとはいえないという点を強調するようになった。クリントン政権期に、経常収支の調整において財政赤字削減が最重要視されていたのと対照的である。そしてITバブル破裂後、拡張的な財政・金融政策が打ち出され、「強いドル」は有名無実化し、ドル安の趨勢が続くことになった(13)。

前記の引用文中の「その他の国内的あるいは国際的要因」については、ここでは明言されていない。おそらくは、第4節で言及するような諸研究を念頭に置いていたのであろう。

また、2003年に経常収支赤字は対GDP比5.0%という歴史的水準に達したことを受け、そのありうる調整経路についても簡単に論じられた(14)。

(2) バーナンキの「世界的貯蓄過剰」論

2001年初め以降、FRBは、ITバブル崩壊、企業会計不正事件、同時多発テロなど、景気の下振れリスクを懸念し、史上最速の利下げを行った。FF金利誘導目標を、2001年1月3日に0.25%利下げして6.00%としたのを皮切りに、2003年6月25日には1.00%とした。それは2004年6月30日に1.25%に引き上げられるまで続いた。その後、エネルギー価格上昇を懸念して利上げ

85

を継続したのにもかかわらず、長期金利は上昇しなかった。当時のFRB議長、グリーンスパン（Alan Greenspan）は、2005年の議会証言でこの事態を「謎」（conundrum）と呼んだ。FRB理事であったバーナンキがいう「世界的貯蓄過剰」（global saving glut）は、その「謎」への1つの解答であった。

バーナンキは、「最近のアメリカの経常収支赤字の悪化は、主としてアメリカ国内の経済政策やその他の経済事象を反映するものだという共通見解」を批判することに講演の目的を定めた。そして、「過去10年間、多様な諸要因の結合が貯蓄の世界的供給──世界的貯蓄過剰──の顕著な増加を生み出し、それは、現在、アメリカの経常収支赤字を増大させているだけでなく、世界の長期金利水準を比較的低位にしていると論じるつもりである」と述べた。[15]

その要旨は次の通りである。1996年から2004年までの期間を、① 1996年～2000年初め、② 2000年初め～2004年に分けて考察している。①においては、国際金融市場を均衡させたのは株価上昇であったという。すなわち、アジア通貨危機を起点とし、アジア新興市場諸国は経常収支赤字から黒字へ転換し、中東諸国は資源価格上昇から経常収支黒字を計上するようになり、アメリカなどに資本が流入して株高を支えたという。株価上昇の基底には生産性の上昇があったという。それに対して②においては、世界的低金利に支えられたアメリカなどの住宅価格上昇が国際金融市場を均衡させることになった。貯蓄過剰が世界的な金利低下傾向をもたらし、それが大量にアメリカに流入したのである。

実質的にバーナンキが執筆した2006年版『白書』には、第6章「米国の資本収支黒字」という章が設けられている。これは上の講演の主張を展開したものであった。そして史上最高水準の6000億ドル超、対GDP比6.0%にも及んだアメリカの経常収支赤字を、「資本収支黒字」と名づけたのであった。

2006年版以降、『白書』においてアメリカの経常収支赤字および世界的貯蓄過剰についての言及はなかった。しかし、ブッシュ大統領の退任時に提出された2009年版『白書』に、世界的貯蓄過剰という言葉が再び登場した。

第4章　アメリカの対外経済政策と成長モデル

「目下のグローバル金融危機の起源は1990年代末に遡る。『世界的貯蓄過剰』と呼ばれることがある途上国の貯蓄の急増が、アメリカ、その他の先進国に大量の資本流入をもたらし、安全資産の収益率を押し下げたのである。」[16]

このように述べ、1996年から2007年までに、先進国は、140億ドルの経常収支黒字から5000億ドルの赤字に転じ、途上国は890億ドルの経常収支赤字から7600億ドルの黒字に転じたことを指摘したのである。

(3) グローバル・インバランス期の成長モデル

かくして、2000年代の好況局面においては、2004年版および2006年版『白書』においてのみ、歴史的記録を更新していた経常収支赤字について論じられたにすぎなかった。いずれも経常収支赤字という面よりもむしろ資本収支黒字という面を重視するもので、その持続がアメリカ経済の成長をもたらすと位置づけられた。すなわち、世界的貯蓄過剰は、アメリカの長期金利を低位に保つとともに資産価格上昇をもたらし、資産効果が消費を押し上げるという経路である。そして同時に、投資超過（過剰消費）のマクロ経済バランスをもたらすことで、経常収支赤字拡大、資本収支黒字拡大をもたらしていたといえる。不安定な形ではあるが、それがアメリカ経済に好況局面をもたらし、世界経済の牽引力ともなっていた。これがグローバル・インバランス期の成長モデルである。だが、「危機」が生じると、世界的貯蓄過剰は、成長の源泉としてではなく、「危機」の源泉として理解されるようになった。

サブプライムローン問題に対して、2008年版『白書』では、きわめて限定的な形の政府介入でさえ自由市場に及ばないとし、自由市場の機能によって金融革新の負の部分が時間の経過とともに排除されると主張した。[17] 2009年版では、「かつてなかったような体系的、積極的な政府の対応が、唯一責任ある政策対応だった」と、例外的措置を講じたことが述べられている。[18] そうして、FRBの非伝統的金融政策とともに、「2008年緊急経済安定化法」（EESA; Emergency Economic Stabilization Act of 2008）によって7000億ドルの

87

支出権限を与えられた「不良資産救済プログラム」（TARP：Troubled Asset Relief Program）など、救済策が正当化されたのである。

（4） グローバル・インバランス期の所得不平等拡大

多少横道に逸れるかもしれないが、2000 年代の経済成長には経済的不平等の拡大が伴ったことに触れておかねばならない。2012 年版『白書』では、労働経済学者のクルーガー（Alan B. Krueger）が CEA 委員長になったこともあり、「職と所得――今日そして明日――」という章が設けられた。[19]また、CEA 委員長として、彼は所得不平等に関する講演も何度か行っている。『白書』で所得不平等が論じられたのは 1997 年版以来のことであり、ブッシュ政権期にそうした叙述はみられなかった。

さて、本来、経済的不平等は、財政による所得再分配政策で対処すべきものである。しかし、アメリカにおける保守主義の根強さは、オバマ政権の医療保険制度改革の難航にみられたのと同様に、所得再分配政策を困難にした。しかも、保守主義にとどまらず、リベラルも必ずしも所得再分配政策を支持するわけではない。

議会予算局の調査によると、1979 年から 2007 年までに、①第 5 五分位は税引後所得のシェアを 10% ポイント増やした、②その伸びのほとんどは、最上位 1% の所得シェアの伸びから生じた、③第 5 五分位以外の 4 つの五分位は所得シェアを 2 〜 3% ポイント下げたという。[20]

2012 年版『白書』でも言及されているように、ラジャン（Raghuram G. Rajan）やライシュ（Robert B. Reich）の近著は、所得不平等の拡大が総需要にマイナスの影響を及ぼすと論じている。限界消費性向の低い高所得者に所得が集中する一方で、中間層以下の実質所得が伸びなかったため、借入＝高レバレッジによる消費水準の維持が行われたという。[21]例えば、ラジャンは、「危機」の原因は「大断層」（fault lines）にあるとしている。彼のいう「大断層」は次の 3 つに集約される。すなわち、①所得格差の問題に根本的に対応するのを怠り、金融緩和政策による借入の容易化に頼ったこと、② 1990 年以降、不

第 4 章　アメリカの対外経済政策と成長モデル

況からの「雇用なき回復」のために金融緩和政策が継続されたこと、③輸出主導型経済成長を遂げた国があるが、そのためにアメリカなどが経常収支赤字となったこと、この 3 つである。[22]

「所得不平等拡大はしばらくの間進展してきたが、しかし、総需要に対するその影響は、金融危機が起きるとより深刻になったかもしれない。1979 年から 2007 年における債務水準の上昇は、クレジットカード、その他の消費者向けローン、モーゲージローンなど、借入へのアクセス拡大により、ほとんどの所得グループで所得成長のペースを上回る消費が可能になったがゆえに、所得不平等拡大の影響が覆い隠されたかもしれない。しかしながら、リセッションと金融危機が始まると、この借入水準を維持する余地は突然消えさった。借入、とくにモーゲージへのアクセスは厳しく制限され、平均的な消費者には、危機が発生する前に高く積み上げられた債務水準が残された。」[23]

3.　「危機」後

オバマ政権最初の『白書』である 2010 年版は、「2009 年アメリカ復興・再投資法」（American Recovery and Reinvestment Act of 2009）の目的と主要内容について論じたものであった。[24] そして、「危機」を招いた前政権の経済政策を厳しく批判した。[25] すなわち、「危機」以前の成長パターンは、過剰消費、低貯蓄、過剰な住宅建設と持続不能な資産バブル、高水準の財政赤字と経常収支赤字という高支出低貯蓄経済であったという。[26] そして、グローバル・インバランスという言葉を『白書』のなかで初めて用い、グローバル・インバランス是正（以下、「不均衡是正」と略す）を対外経済政策の最優先課題とした。第 3 章「世界経済における危機と回復」では、グローバル・インバランスと「危機」の関連、不均衡是正が正面から論じられている。その要点を引用しておこう。

「貯蓄は貧困国の非効率的な金融市場から富裕国のより効率的な市場へ流れ

89

たので、グローバル・インバランスは有益であったと論じた者もいる。反対に、ある者は、アメリカへのグローバル貯蓄の還流が、金利を過度に低く維持することによってインセンティブをゆがめ、借入超過と資産バブルをもたらしたと主張した。この見解によると、不均衡は危機において主導的役割を果たしたことになる。

　真実はほぼ確実にその中間のどこかにある。アメリカへのグローバル貯蓄の流入は、アメリカ経済において借入金利を引き下げ、支出を増やし貯蓄を減らすように促した。これは、信用拡大とそれに関連した資産バブルを許して、それがないときに実現しえたよりも長く続くようにしたかもしれない。同時に、たとえグローバル貯蓄がなんらかの意味においてアメリカの借入につながったとしても、その借入を生産的に使えなかった金融システムの失敗と、リスクが適切に取り扱われていることを確保しえなかった規制の失敗は、確かに危機に対して部分的に責任がある。[27]」

　このようにグローバル・インバランスと「危機」の関係を述べたうえで、アメリカの借入とバブルに依存しない成長パターンをみつけなくてはならないと論じた。危機からの回復過程において、経常収支黒字国では成長が強く黒字が減少しているため、グローバル・インバランスが是正されているが、こうしたシフトが永続的なものになるか、「危機」以前の成長モデルに先祖帰りするかどうかが重要であるという。

　オバマ大統領は、2010年の一般教書演説で、輸出を5年間で倍増させるという目標を設定した。それは、輸出を2009年の1兆5700億ドルから2014年末までに3兆1400億ドルまで増やすことを意味している。そうした国家輸出イニシャティブ（National Export Initiative）が不均衡是正の文脈に位置づけられ、オバマ政権の対外経済政策で最優先事項となっている。実際、2011年版『白書』の第4章「世界経済」、2012年版の第5章「国際貿易と国際金融」では、不均衡是正の方策として国家輸出イニシャティブについて詳述されている。

第4章　アメリカの対外経済政策と成長モデル

このように輸出をベースにした不均衡是正策が構想されている一方で、異例の拡張的財政・金融政策が採用されていることも明記せねばならない。前述のアメリカ復興・再投資法のほか、非伝統的金融政策が採用されたのである。[28] 量的緩和政策第1弾（QE1）は、2008年11月～2010年6月に合計1兆7250億ドル規模で行われ、内訳は米国債3000億ドル、モーゲージ担保証券（MBS）1兆2500億ドル、その他1750億ドルであった。第2弾（QE2）は、2010年11月～2011年6月の期間に、米国債を対象に6000億ドル規模で実施された。その結果、FRBのバランスシート上の保有資産は、約1兆ドルから3兆ドルへと大幅かつ急速に拡大したのである。さらに、ヨーロッパの債務危機などの不安定要因のなかで、2012年9月、第3弾（QE3）が発表された。それは、雇用が顕著に回復するまでMBSを月400億ドル追加購入するものである。合わせて、少なくとも15年終盤までゼロ金利を維持することが表明された。こうした異例の金融緩和政策をもってしても、産出の回復に失業率の顕著な改善は伴っていない。

第3節　「強いドルは国益に適う」のか

第2節第1項（2）で述べたように、ルービン財務長官はドル高政策に舵を切った。そして、「強いドルはアメリカの国益に適う」（"A strong dollar is in the national interest."）と繰り返し発言した。前掲図4-3にみるように、実際、1990年代後半にドル相場は大きく上昇していった。ルービンからガイトナー（Timothy F. Geithner）に至るまで、「強いドルはアメリカの国益に適う」という発言は、歴代財務長官に引き継がれている。だが、2002年以降、グローバル・インバランスの拡大とともにドルは大きく減価していった。それにもかかわらず、ドル暴落のシナリオは実現しなかった。また、ドルの減価が輸出増加および輸入減少を通じて経常収支赤字を調整するプロセスも機能しなかった。むしろ、経常収支が拡大していったのは前述の通りである。

2000年代のグローバル・インバランスの出現・拡大に関して、アメリカの経常収支赤字が「なぜ持続可能なのか」の理由が探求されるようになった。そのカギはアメリカの「法外な特権」(exorbitant privilege)にある。一般に「法外な特権」は、アメリカが基軸通貨ドルをいわば無制限に発行できるため、外貨準備の制約を受けずに一定期間経常収支赤字を継続できることと解されている。本節では、アメリカの経常収支赤字の持続可能性とドル価値について論じることにする。

1. 新ブレトンウッズ体制論

　ブレトンウッズ体制は、金1オンスを35ドルと定め、各国通貨をドルに固定した戦後国際通貨金融システムであったが、1971年の金＝ドル交換停止で終結を迎えた。ドゥーリー(Michael Dooley)らは、ブレトンウッズ体制とのアナロジーでグローバル・インバランスをとらえ、それを「新ブレトンウッズ体制」(Bretton Woods Ⅱ)と呼んだ[29]。それは、中心国(core)をアメリカ、周辺地域(periphery)をアジア新興市場国とする、インフォーマルであるが相互依存的で安定的な国際通貨金融システムであるという。

　中心国であるアメリカは、①自国通貨を他国の外貨準備として発行できる「法外な特権」を行使し、②経常収支赤字を計上し続けることで他国に準備通貨を供給し、③世界の輸出市場としての役割を果たす。他方、周辺地域であるアジア新興市場国は、①輸出主導型成長戦略を採用し、②自国通貨の増価を望まず、③外貨準備をドル建て資産の形で積み増している。さらに、周辺地域は、蓄積するドル準備を不胎化し続けることはできないため、拡張的政策を採用せざるをえない。したがって、ドル価値は安定的に支えられると結論づけられている。

　「危機」後に発表した研究でも、ドゥーリーらは見解を変えていない[30]。グローバル・インバランスは、直接的にも間接的にも「危機」の原因とはいえず、金融規制・監督の失敗こそが原因であるという。彼らによると、アメリカでは、資産価格がある程度回復すれば、家計は再び貯蓄を減らし債務を増やすという。

第 4 章　アメリカの対外経済政策と成長モデル

他方、中国をはじめとする新興国にとっては、「危機」以前にも増して輸出主導型成長をはかりドル準備を蓄積することが不確実性の高い世界において最も安定した戦略であるという。

　ブッシュ政権からオバマ政権に至るまで、『白書』の見解は、こうした新ブレトンウッズ体制論には与してこなかった。楽観的であったブッシュ政権の『白書』においても、歴史的高水準の経常収支赤字には調整局面が現われるということが指摘されていた。さらに、経常収支赤字の調整にはドルの下落が伴うとしていた。また、第 2 節第 3 項で詳述したように、オバマ政権はグローバル・インバランスを持続不能なものとみなし、「危機」の一因であるとして不均衡是正を目指している。

2. 対外資産負債残高の「評価効果」

　ゴーリンチャス（Pierre-Olivier Gourinchas）とレイ（Hélène Rey）の研究は、アメリカについて、経常収支（フロー）の累積値が対外純資産・負債（ストック）の近似値になるという関係が希薄化し、両者が大きく乖離していることを明らかにした。それは、グローバル金融市場の拡大・深化により、アメリカのグロスでの対外資産・対外負債残高がそれぞれ急拡大したことに起因する。[31]

　図 4-4 にみるように、ネットの対外純負債は、1995 年に 4302 億ドル、2002 年に 2 兆 446 億ドル、2007 年に 1 兆 7960 億ドル、2011 年に 4 兆 302 億ドルと推移している。1995 年から 2002 年までに 5 倍弱に拡大しているが、その後は増減を繰り返している。とくに 2002 年から 2007 年までは経常収支赤字が拡大・持続していたにもかかわらず、対外純負債は一方的に拡大していったわけではない（図 4-5）。

　図 4-4 はまた、グロスの対外資産・負債残高も示している。グロスの値はネットの値よりもはるかに大きい。グロスの対外資産は、1995 年に 3 兆 4862 億ドル、2002 年に 6 兆 6490 億ドル、2007 年に 18 兆 3996 億ドル、2011 年に 21 兆 1323 億ドルと増加した。「危機」により 2009 年には減少したがすぐに反転したのである。1995 年から 2011 年までに 6.1 倍、2002 年から 2007 年

図 4-4　グロスとネットの対外資産負債残高（1995 〜 2011 年）

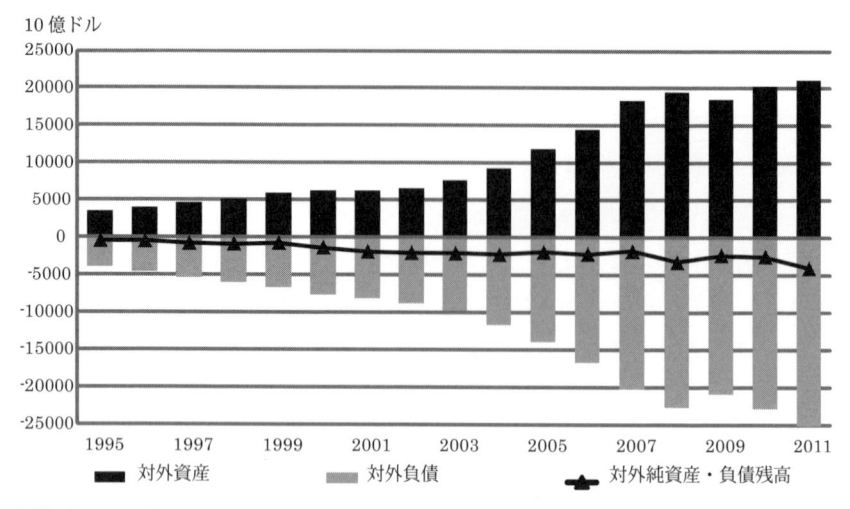

凡例：■ 対外資産　■ 対外負債　▲ 対外純資産・負債残高

出所：Bureau of Economic Analysis, International Economic Accounts, last revised on September 27, 2012 より作成。

図 4-5　経常収支累積値と対外純資産・負債（2001 〜 2011 年）

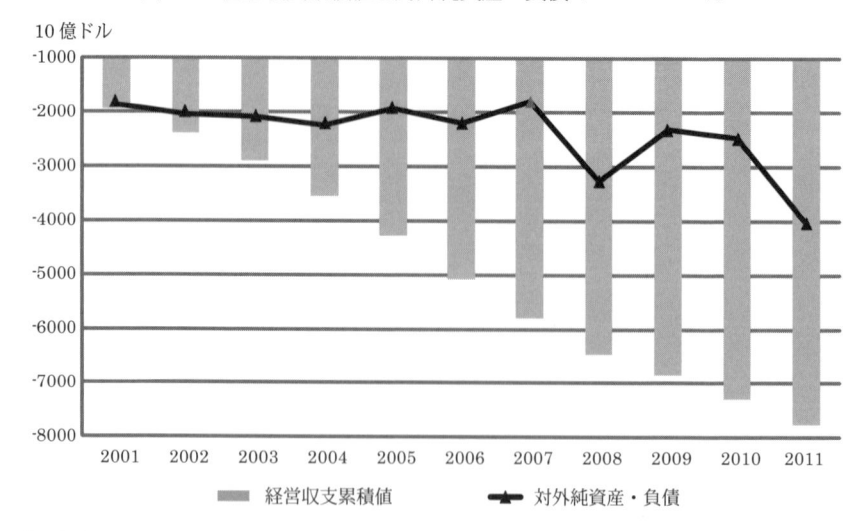

凡例：■ 経営収支累積値　▲ 対外純資産・負債

注：経常収支累積値は、2000 年末の対外純資産・負債残高に各年度の経常収支を加えたものである。
出所：Bureau of Economic Analysis, International Economic Accounts, last revised on September 27, 2012 より作成。

第4章　アメリカの対外経済政策と成長モデル

までに 2.8 倍となっている。他方、グロスの対外負債も、1995 年に 3 兆 9164 億ドル、2002 年に 8 兆 6937 億ドル、2007 年に 20 兆 1956 億ドル、2011 年に 25 兆 1626 億ドルと増加した。1995 年から 2011 年までに 6.4 倍、2002 年から 2007 年までに 2.3 倍に拡大したのである。

グロスでの対外資産取引が増加した結果、「経常収支赤字累積値≒対外純負債」の関係が希薄化した。図 4-5 は、2001 年から 2011 年までの経常収支赤字累積値と対外純資産・負債を示している。2001〜2011 年の経常収支赤字累積値は 6 兆 2251 億ドルであり、その分だけ対外純負債が積み上がるはずだが、実際には 2 兆 1552 億ドルしか増えなかった。2001〜2010 年まででみれば、経常収支赤字累積値は 5 兆 7591 億ドルであるにもかかわらず、対外純負債は 5985 億ドル増えただけであった。しかも、2007 年には対外純負債は 1 兆 2795 億ドルまで圧縮されている。これは「評価効果」(valuation effects) のためである。評価効果とは、アメリカが保有する対外資産、もしくは、外国が保有する対米資産の資産価値の変化のことをいう。キャピタルゲインや通貨価値の変動によるものであるが、この点は『白書』でもたびたび指摘されている。

「2000 年代を通じての借入額をもとに予測するほどには、アメリカのネットの対外投資ポジションはマイナスにはならなかった。ある年の借入額のほかに、アメリカの対外資産・対外負債の価値は、市況の変化に応じて変動する。過去 10 年にわたり、アメリカは、実質的には、プラスの『評価効果』を得てきた。2010 年には、対米保有資産の力強いパフォーマンスと通貨価値の変動が、ネットの対外投資ポジションを悪化させたかもしれない。[32]」

アメリカの対外負債に対する対外資産の超過収益（「法外な特権」）は、「収益効果」（各資産分類におけるより高い収益）と、「構成効果」（負債側より資産側の方が、利回りが高い非対称的バランスシート構成）に分解できる。

図 4-6 は、アメリカの対外資産・対外負債の内訳を示すものである。対外資産残高の内訳は、公的資産 3%、債券 10%、株式 27%、直接投資 27%、その

図 4-6　対外資産負債残高の内訳（2010 年）

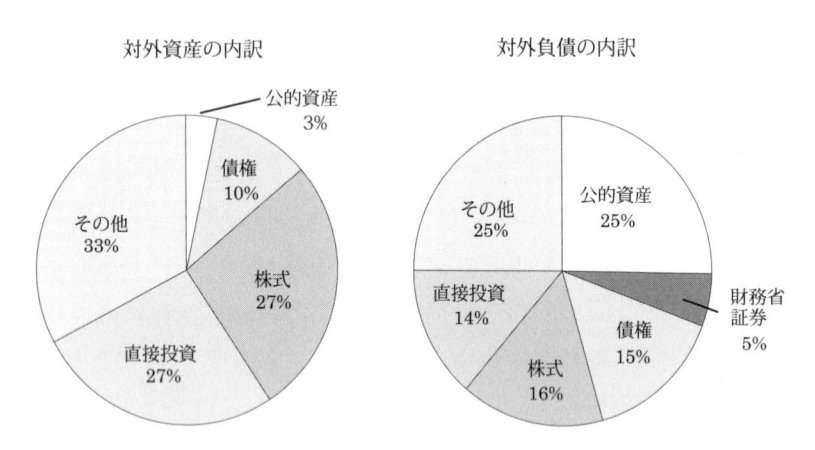

対外資産の内訳

- 公的資産 3%
- 債権 10%
- その他 33%
- 株式 27%
- 直接投資 27%

対外負債の内訳

- 公的資産 25%
- その他 25%
- 直接投資 14%
- 株式 16%
- 債権 15%
- 財務省証券 5%

出所：Bureau of Economic Analysis, International Economic Accounts, last revised on September 27, 2012 より作成。

他 33% であり、対外負債残高の内訳は、公的資産 25%、財務省証券 5%、債券 15%、株式 16%、直接投資 14%、その他 25% である。アメリカの対外資産は高い収益のものが多く、しかも外貨建てであるのに対して、対外負債は低い収益のものが多く、ドル建てである。収益効果を伴うこの非対称的なバランスシート構成をみて、ゴーリンチャスとレイは、アメリカは「短期借り・長期貸し」の「世界の銀行家」から、「債券の売り越し、株式の買い越し」の「世界のベンチャーキャピタリスト」へ転換したと述べている。

　ここで、1995 年以降の 3 つの期間について、評価効果の点からドルと経常収支赤字の関係を表 4-1 にまとめておこう。

　ドル高政策期（1995 〜 2001 年）には、ドルの実効為替相場は 87.07 から 109.71 へ、26.0% 増価した。この間、経常収支赤字累積値（表中の③）は 1 兆 7087 億ドルである。それがそのまま当該期間の前年末における対外純負債に加わった場合の仮想的な対外純負債（④）は 2 兆 72 億ドルで、仮想的な対外純負債の対 GDP 比（⑤）は 19.5% であった。他方、実際の対外純負債（⑥）は 1 兆 8750 億ドル、対外純負債の対 GDP 比（⑦）は 18.2% であり、評価効

第4章　アメリカの対外経済政策と成長モデル

表 4-1　3つの期間における「評価効果」　　　（単位：10億ドル、%）

期間	1995 〜 2001 年	2002 〜 2007 年	2008 〜 2011 年
①実効為替相場	1995 年 1 月＝ 87.07	2002 年 1 月＝ 111.42	2008 年 1 月＝ 73.15
（1973 年 3 月＝ 100）	2001 年 12 月＝ 109.71	2007 年 12 月＝ 73.80	2011 年 12 月＝ 73.23
②実効為替相場変化率	26.0%	− 33.8%	0.1%
③経常収支赤字累積値	1,708.7	3,861.6	1,999.8
④仮想的な対外純負債	2,007.2	5,736.6	3,794.0
⑤仮想的な対外純負債の対 GDP 比	19.5%	40.9%	25.2%
⑥対外純負債	1,875.0	1,796.0	4,030.2
⑦対外純負債の対 GDP 比	18.2%	12.8%	26.7%
⑧評価効果（④−⑥）	132.2	3,940.6	− 236.2

注：④仮想的な対外純負債は、当該期間の前年末の対外純負債に、③経常収支赤字累積値を加えたもの。⑥対外純負債と⑦対外純負債の対 GDP 比は、3つの各期間の期末時点の数値である。
出所：実効為替相場については、Federal Reserve Board, G.5. Foreign Exchange Rates, last released on March 19, 2012 より。GDP については、Bureau of Economic Analysis, National Economic Accounts, last revised on September 27, 2012 より。対外純負債については Bureau of Economic Analysis, International Economic Accounts, last revised on September 27 より作成。

果（⑧）は 1322 億ドルにとどまった。

　グローバル・インバランス期（2002 〜 2007 年）には、ドルの実効為替相場は 111.42 から 73.80 へ、33.8% 減価した。この間の経常収支赤字累積値（③）は 3 兆 8616 億ドルである。それがそのまま当該期間の前年末の対外純負債に加わった場合の仮想的な対外純負債（④）は 5 兆 7366 億ドルで、仮想的な対外純負債の対 GDP 比（⑤）は実に 40.9% にも上る。しかし、実際の対外純負債（⑥）は 1 兆 7960 億ドル、対外純負債の対 GDP 比（⑦）は 12.8% にすぎなかった。巨額の経常収支赤字が持続したにもかかわらず、対外純負債の対 GDP 比は、ドル高政策期の 18.2% より 5.4% ポイントも低くなっている。この期間の評価効果（⑧）は 3 兆 9406 億ドルに上った。

　「危機」後（2008 〜 2011 年）においては、ドルの実効為替相場は 73.15 と 73.23 でほぼ同水準である。とはいえ、ドルは小刻みに変動しているので明確

表 4-2　対外投資ポジションの変化とその内訳（1995 ～ 2011 年）　（単位:100 万ドル）

年	金融フロー	価格変化	為替相場変化	その他の変化	評価効果の合計	ポジションの変化	期末ポジション
1995	− 82,838	− 93,308	17,091	27,319	− 48,898	− 131,736	− 430,194
1996	− 134,476	47,359	− 42,049	96,022	101,332	− 33,144	− 463,338
1997	− 218,977	− 44,200	− 139,717	80,058	− 103,859	− 322,836	− 786,174
1998	− 66,965	− 148,130	30,812	112,094	− 5,224	− 72,189	− 858,363
1999	− 238,148	220,818	− 36,218	180,843	365,443	127,295	− 731,068
2000	− 477,701	12,299	− 199,240	58,696	− 128,245	− 605,946	− 1,337,014
2001	− 400,254	− 116,115	− 111,497	89,848	− 137,764	− 538,018	− 1,875,032
2002	− 500,515	− 62,273	147,817	245,372	330,916	− 169,599	− 2,044,631
2003	− 532,879	8,613	274,496	200,607	483,716	− 49,163	− 2,093,794
2004	− 532,331	94,578	197,515	81,006	373,099	− 159,232	− 2,253,026
2005	− 700,716	720,816	− 220,341	521,118	1,021,593	320,877	− 1,932,149
2006	− 809,150	418,394	222,128	− 90,876	549,646	− 259,504	− 2,191,653
2007	− 617,260	240,058	447,060	325,790	1,012,908	395,648	− 1,796,005
2008	− 730,569	− 776,364	− 593,852	636,632	− 733,584	− 1,464,153	− 3,260,158
2009	− 239,671	542,005	302,838	333,216	1,178,059	938,388	− 2,321,770
2010	− 382,871	101,071	− 21,150	151,121	231,042	− 151,829	− 2,473,599
2011	− 556,347	− 802,087	− 22,959	− 175,258	− 1,000,304	− 1,556,651	− 4,030,250

出所：Bureau of Economic Analysis, International Economic Accounts, last revised on September 27, 2012 より作成。

なトレンドはみえない。この間の経常収支赤字累積値（③）は 1 兆 9998 億ドルである。それがそのまま当該期間の前年末の対外純負債に加わった場合の仮想的な対外純負債（④）は 3 兆 7940 億ドルで、仮想的な対外純負債の対 GDP 比（⑤）は 25.2% であった。他方、実際の対外純負債（⑥）は 4 兆 302 億ドル、対外純負債の対 GDP 比（⑦）は 26.7% であり、評価効果（⑧）は − 2362 億ドルであった。これは、2011 年に、ヨーロッパ債務危機によって対外保有資産の価値が大幅に下落したためである。

　表 4-2 によりながら、対外投資ポジションの変化に評価効果が及ぼした影響について補足しよう。同表には、実際の「金融フロー」のほか、評価効果にあたる「価格変化」、「為替相場変化」、「その他の変化」が示されている。これらすべてによって対外投資ポジションの変化がもたらされている。

　2000 年代に入り、資本流入（マイナスの「金融フロー」）は急拡大したが、

第4章　アメリカの対外経済政策と成長モデル

　2002年から2007年までのグローバル・インバランス期には、資本流入の規模ほど対外投資ポジションが悪化しなかった。この間、「為替相場変化」と「その他の変化」が概ねアメリカに有利に働いたからである。なかでも2005年と2007年には、「金融フロー」は大幅なマイナスにもかかわらず、対外投資ポジションの変化はプラスになっている。2005年には、7007億ドルの資本流入があったが、「価格変化」が7208億ドル、「為替相場変化」が－2203億ドル、「その他の変化」が5211億ドルで、対外投資ポジションは3209億ドル改善した。2007年には、6173億ドルの資本流入があったが、「価格変化」が2401億ドル、「為替相場変化」が4470億ドル、「その他の変化」が3258億ドルで、対外投資ポジションは3956億ドル改善したのである。

　ところが、2008年に「危機」が起こると、この構造の行方は不透明になった。2008年には、資本流入は7306億ドルで、「価格変化」が－7764億ドル、「為替相場変化」が－5939億ドル、「その他の変化」が6366億ドルで、対外投資ポジションの悪化は1兆4642億ドルにも及んだ。もっとも、2009年には資本流入が2397億ドルに急減し、「価格変化」が5420億ドル、「為替相場変化」が3028億ドル、「その他の変化」が3332億ドルで、対外投資ポジションは9383億ドル改善した。しかしながら、データが利用できる最新年である2011年についてみると、資本流入が5563億ドルまで再拡大し、「価格変化」が－8021億ドル、「為替相場変化」が－229億ドル、「その他の変化」が－1753億ドルとアメリカに不利に働き、対外投資ポジションは実に1兆5567億ドルも悪化したのである。

　このように、グローバル・インバランス期には、経常収支赤字を計上し続けても、ドルの減価やキャピタルゲインなどにより対外純負債の増加が抑えられてきた。とりわけ、グローバル・インバランス期においては大幅なドルの減価があったため、評価効果もきわめて大きかった。ドルの減価による経常収支の調整プロセスは機能せずに、むしろアメリカの経常収支赤字の許容度が高まった。また、経常収支赤字が歴史的高水準に達したにもかかわらず、ドル暴落を伴う経常収支の調整も起こらなかったのである。評価効果はまた、世界か

らアメリカに巨額の富の移転が行われたことを示している。しかしながら、「危機」後にもこうした構造が維持されるかどうかといえば、はなはだ疑問である。

　おわりに

　本章では、『白書』にみられる経常収支赤字のとらえ方の「ゆれ」、ドル価値の推移から、アメリカの成長モデルを析出した。それによると、1995年以降、成長モデルは、①ドル高政策期、②グローバル・インバランス期、③「危機」後の3つの時期で大きく異なっている。
　ドル高政策期には、「輸出行動主義」からの転換が起こり、工業製品貿易摩擦は「終焉」した。この時期に経常収支赤字は、「魅力的な投資機会」、旺盛な民間投資のために生じる資本収支黒字の鏡像と理解されるようになった。言い換えると、以前は経常収支赤字が「主」で資本収支黒字が「従」であったのだが、ドル高政策期には、資本収支黒字が「主」で経常収支赤字が「従」となった。
　もはや経常収支赤字は、1980年代のような財政赤字の結果でも、90年代前半の「輸出行動主義」のいうような市場の閉鎖性や不公正な貿易慣行の結果でもなかった。その成長モデルは、財政規律を前提とし、強いドルを媒介にしてアメリカへの資本流入を促し、株高・債券高を導くとともに、民間投資を拡大させるというものであった。確かに、これは史上最長の景気拡大、「ニューエコノミー」をもたらしたのではあるが、結局は2001年のITバブル崩壊につながったのである。
　「魅力的な投資機会」を持つためにアメリカは経常収支赤字を計上しているとの理解は、グローバル・インバランス期に引き継がれた。2006年版『白書』では、好調な経済を背景に「資本収支黒字」と題された章が登場するほどであった。しかしながら、ITバブル崩壊後には拡張的な財政・金融政策が採用されたため、「強いドル」は有名無実のものとなった。そして、世界的貯蓄過剰を起点として、資本流入が長期金利低下と資産価格上昇をもたらし、所得不平

第 4 章　アメリカの対外経済政策と成長モデル

等拡大を伴う高支出低貯蓄経済という成長パターンが生じた。この時期、第 4 節でみたように、「法外な特権」のために経常収支赤字拡大が許容され、ドルの緩やかな減価の調整コストを経常収支黒字国に吸収させ、そこから巨額の富の移転を受けることができたのである。

　不均衡是正には、過剰消費体質からの脱却、財政規律の回復、金融引き締め、貯蓄率の上昇が不可欠である。しかし、産出は回復しても高水準の失業率が継続するなかでは、それは政治的に実現が困難である。「危機」後、オバマ政権は、不均衡是正を志向して国家輸出イニシャティブを打ち出した。雇用増に結びつけられた国家輸出イニシャティブ、生産拠点の国内回帰（insourcing）促進策などは、国民に受け入れられやすい。輸出を雇用に結びつけること、貿易自由化構想、人民元切り上げ要求などは、1990 年代前半の「輸出行動主義」もしくは「日本叩き」を彷彿させる。

　現在の歴史的低水準のドル相場の環境下でさえ、輸出は増大しているが輸入がそれ以上に増えているため、経常収支赤字は再拡大している。輸出が高雇用をもたらさないだけでなく、「危機」後の巨額の財政支出と異例の金融緩和政策も、雇用と所得の顕著な増加を生み出すに至っていない。それはただグローバル・インバランス期を再現する「グローバル・インバランスⅡ」と呼ぶべき状況を出現させているだけのようだ。つまり、成長戦略と成長パターンが乖離していて、成長モデルとしては機能していないのである。

　アメリカは基軸通貨国特権をいまだに保持しており、近い将来もそれは変わることはないであろう。しかし、基軸通貨国特権を持つ国ゆえに許された経常収支赤字の持続性、巨額の財政赤字、異例の金融緩和政策も成長モデルとして機能せず、国民生活を「危機」から救い出せないとすれば、そこに危機の本当の意味がある。これこそシステム危機と呼ぶべきものだと思われる。

第5章　グローバル危機と東アジア経済圏

金子　文夫

はじめに

　本章の課題は、グローバル危機（さしあたり、リーマン・ショックから欧州債務危機へと続く世界資本主義の危機を指す）と東アジア経済圏との関係の考察を出発点として、東アジア経済圏の歴史的位相を解明することである。ここでいう東アジア経済圏とは、基本的には日本、中国、NIES4（韓国、台湾、香港、シンガポール）、ASEAN4（タイ、マレーシア、インドネシア、フィリピン）によって構成される圏域とする。

　本章で取り上げる論点は以下の3点である。

　第1に、グローバル危機が東アジア経済圏に与えたインパクトの評価である。グローバル危機は確かに東アジアに大きな影響を与えた。とはいえその衝撃の程度は、同時期における米国・欧州よりは大きくなく、また1997〜98年に発生したアジア通貨危機ほどには深刻化しなかった。本章はその経緯の詳細な分析を課題とするものではないが、地域経済圏の存在が衝撃を緩和する意味を持っていたことを論じていきたい。

　第2に、東アジア経済圏の形成史の考察である。20世紀後半、冷戦構造のなかで、米国・日本が主導する形で地域経済圏が形成されていくが、これは米

国中心のアジア太平洋経済圏と、その枠内における日本中心の（中国を除外した）東アジア経済圏という重層的な経済圏形成の過程として把握することができる。1990年代以降、冷戦構造の解体とともに中国が台頭し、その一方で米国・日本の国力が低下することによって、東アジア経済圏はアジア太平洋経済圏における存在感を高め、新たな段階に入ったとみることができる[2]。本章では、1990年代を画期とするこうした段階変化について、やや立ち入って考察することとしたい。

第3に、中長期的な世界資本主義システムの構造転換における東アジアの位置の把握である。今次のグローバル危機は、ドル基軸通貨体制の行き詰まり、米国・欧州における金融資本主義の肥大化が原因と考えられるが、その底流に世界的な生産力配置の編成替えをみることができる。果たして世界経済の中心軸は東アジアにシフトしていくのか、そこにいかなる問題が存在しているのであろうか。もとよりこの問いに答えることは容易ではなく、その本格的検討は別の機会に譲らざるをえない。本章はそうした課題に対する若干の問題提起にとどめておきたい[3]。

以下、上述の論点に沿って論述を進めるが、欧州債務危機は本章執筆時点ではいまだ収束していないため、とりあえず2012年半ばまでを考察範囲としておく。

第1節　グローバル危機と東アジア——影響と対応

1. グローバル危機の影響
（1）実質GDP成長率
東アジアの経済成長率について、1997～98年のアジア通貨危機と2008年以降のグローバル危機との対比、また米国、EUとの比較を行うと（表5-1）、以下のことを指摘できる。

第1に、リーマン・ショックの影響により、東アジアは全体として成長率

第 5 章　グローバル危機と東アジア経済圏

表 5-1　東アジアの実質 GDP 成長率(1996 〜 2000 年、2007 〜 2011 年)　　（単位：%）

	1996	1997	1998	1999	2000	2007	2008	2009	2010	2011
日本	2.6	1.6	−2.0	−0.2	2.3	2.2	−1.0	−5.5	4.4	−0.7
中国	10.0	9.3	7.8	7.6	8.4	14.2	9.6	9.2	10.4	9.2
NIES 4	6.4	5.8	−2.6	8.0	7.8	5.9	1.8	−0.7	8.5	4.0
韓国	7.2	5.8	−5.7	10.7	8.8	5.1	2.3	0.3	6.3	3.6
台湾	5.5	5.5	3.5	6.0	5.8	6.0	0.7	−1.8	10.7	4.0
香港	4.2	5.1	−6.0	2.6	8.0	6.4	2.3	−2.6	7.0	5.0
シンガポール	7.6	8.5	−2.2	6.2	9.0	8.9	1.7	−1.0	14.8	4.9
ASEAN 5	7.5	4.0	−8.3	3.1	5.3	6.3	4.8	1.7	7.0	4.5
タイ	5.9	−1.4	−10.5	4.4	4.8	5.0	2.6	−2.3	7.8	0.1
マレーシア	10.0	7.3	−7.3	6.0	8.7	6.5	4.8	−1.6	7.2	5.1
インドネシア	7.8	4.7	−13.1	0.8	4.2	6.3	6.0	4.6	6.2	6.5
フィリピン	5.8	5.2	−0.6	3.1	4.4	6.6	4.2	1.1	7.6	3.7
米国	3.7	4.5	4.4	4.8	4.1	1.9	−0.3	−3.5	3.0	1.7
EU	2.0	2.8	2.9	3.0	4.0	3.4	0.5	−4.2	2.0	1.6
世界	3.8	4.1	2.6	3.6	4.7	5.4	2.8	−0.6	5.3	3.9

注：ASEAN 5 はベトナムを含む。
出所：IMF, World Economic Outlook Database, April 2012 より作成。

の低落を免れなかったものの、その程度はアジア通貨危機当時ほど激烈ではなかった。1998 年に NIES4 は− 2.6％、ASEAN5（ベトナムを含む）は− 8.3％を記録しているが、2009 年はそれぞれ− 0.7％、1.7％という落ち込みにとどまった。また中国はそれぞれ 7.8％、9.2％と高い成長率を維持し、他方で日本は 1998 年− 2.0％、2009 年− 5.5％となり、むしろ 2009 年の下落が大きかった点で他の東アジア諸国・地域とは異なった動きを示した。

　第 2 に、グローバル危機における東アジアと米国、EU の成長率を比較すると、2009 年における成長率低下の差とともに、2010 年以降の回復力の差も注目に値する。とりわけ中国は 2007 年から 2011 年まで連続して 9％以上を維持し、世界経済の成長を支える役割を果たした。ただし、欧州債務危機の長期化により、中国は 2012 年には 8％を割り込むと予測されているが[4]、米国、EU、さ

らに日本との成長率の差は否定すべくもない。

アジア通貨危機はまさに東アジアが震源地であったがゆえに、その衝撃はきわめて甚大であった。これに対してグローバル危機では米国、欧州という震源地から離れていたことが衝撃軽減の一因といえる。震源地からの影響は資本移動（金融経済）および貿易（実体経済）という2つの経路を通じて東アジアに波及した。そこで次に、各経路別の動向を一瞥しておこう。

(2) 資本移動——為替、外貨準備

アジア通貨危機においては、外資（短期資金）の急激な流出が生じ、表5-2の右欄に示されるように1997年6月から98年7月にかけて、インドネシアを筆頭に、韓国、タイ、マレーシア、フィリピンなどの為替は大暴落した。これらの国は株価もまた60～90％という激しい下落率を記録した[5]。これによって外貨準備が枯渇し、窮状に陥ったタイ、インドネシア、韓国はIMFに救済

表5-2　東アジアにおける為替の減価と外貨準備の減少　（単位：％）

	為替の減価 ピーク→ボトム	減価率(%)	外貨準備の減少 ピーク→ボトム	減少率(%)	アジア通貨危機における為替の減価率(1997.6→98.7)
日本	2008.3→08.8	9.14	2008.3→08.9	1.86	
韓国	2007.10→09.2	70.34	2008.3→08.11	24.13	51.76
台湾	2008.4→09.3	13.15	2008.6→08.10	4.55	
香港	2007.10→08.5	0.70	2008.3→08.6	1.97	
シンガポール	2008.4→09.2	14.09	2008.3→08.10	8.61	
タイ	2008.3→09.2	15.11	2008.3→08.3	7.88	67.35
マレーシア	2008.4→09.2	17.24	2008.6→09.4	30.39	64.00
インドネシア	2007.5→08.11	39.90	2008.7→08.11	17.43	494.54
フィリピン	2008.2→08.10	21.04	2008.8→08.10	2.23	59.70

出所：伊藤隆敏「世界金融危機のアジアへの影響と政策対応」（植田和男編『世界金融・経済危機の全貌』慶應義塾大学出版会、2010年）240頁。島崎久彌『通貨危機と円の国際化』多賀出版、1999年、102頁より作成。

第5章　グローバル危機と東アジア経済圏

表 5-3　東アジア各国・地域の貿易収支と外貨準備　　（単位：百万ドル）

		1980 年	1990 年	2000 年	2010 年
日本	貿易収支	2,130	69,283	116,716	90,973
	外貨準備	25,718	79,707	356,022	1,062,816
中国	貿易収支	...	9,165	34,474	254,180
	外貨準備	3,116	30,209	168,855	2,875,894
韓国	貿易収支	− 6,007	− 2,167	18,735	41,876
	外貨準備	2,956	14,825	96,198	291,571
台湾	貿易収支	...	331	338	713
	外貨準備	...	78,064	111,370	387,207
香港	貿易収支	...	...	− 8,193	− 42,965
	外貨準備	...	24,657	107,560	268,743
シンガポール	貿易収支	− 2,971	− 1,633	13,678	46,758
	外貨準備	6,567	27,790	80,170	225,715
タイ	貿易収支	− 1,902	− 6,751	11,701	32,340
	外貨準備	3,026	14,273	32,661	172,129
マレーシア	貿易収支	2,393	2,525	20,827	40,253
	外貨準備	4,491	9,871	28,624	106,525
インドネシア	貿易収支	6,806	5,352	25,042	30,628
	外貨準備	6,500	8,520	29,268	96,211
フィリピン	貿易収支	− 1,939	− 4,020	− 5,971	− 10,384
	外貨準備	3,140	2,048	15,063	62,373

注：1）台湾の貿易収支の単位は 10 億台湾ドル。
　　2）マレーシアの貿易収支の 2010 年は 2009 年のデータ。
　　3）インドネシアの貿易収支の 1980 年は 1981 年のデータ。
出所：アジア経済研究所「アジア動向データベース」(http://www.ide.go.jp/Japanese/Data/index.html) より作成。

を求め、経済運営は IMF の厳しい管理下に置かれることになった。

　これに対してグローバル危機においては、やはり短期資金の流出によって為替低落、外貨準備の減少が生じたが、衝撃の度合いは、韓国を別とすればアジア通貨危機ほど激烈ではなかった。その理由としては、アジア通貨危機の苦い教訓から各国とも外資管理に注意を払ったこと、経常収支の黒字化によって外貨準備を積み上げてきたことがあげられる。表 5-3 から、2000 年代に入って

表5-4 東アジアの輸出の地域別動向（2008～2010年）（単位：百万ドル、%）

	輸出先	2008年	2009年	前年比増加率	2010年	前年比増加率
日本	世界	783,149 (100)	581,580 (100)	−25.7	771,720 (100)	32.7
	米国	139,022 (17.8)	95,343 (16.4)	−31.4	120,483 (15.6)	26.4
	EU	110,460 (14.1)	72,405 (12.4)	−34.5	87,105 (11.3)	20.3
	東アジア	370,287 (47.3)	301,845 (51.9)	−18.5	413,970 (53.6)	37.1
	中国	125,039 (16.0)	109,632 (18.9)	−12.3	149,626 (19.4)	36.5
	ASEAN	103,656 (13.2)	80,463 (13.8)	−22.4	112,868 (14.6)	40.4
中国	世界	1,484,110 (100)	1,257,310 (100)	−15.3	1,580,400 (100)	25.7
	米国	273,129 (18.4)	251,703 (20.0)	−7.8	283,679 (17.9)	12.7
	EU	302,286 (20.4)	251,817 (20.0)	−16.7	311,478 (19.7)	23.7
	日本	120,546 (8.1)	104,505 (8.3)	−13.3	120,262 (7.6)	15.1
	東アジア	420,904 (28.4)	327,288 (26.0)	−22.2	457,604 (29.0)	39.8
	ASEAN	115,660 (7.8)	96,944 (7.7)	−16.2	138,236 (8.7)	42.6
東アジア	世界	3,544,109 (100)	2,929,431 (100)	−17.3	3,788,921 (100)	29.3
	米国	499,906 (14.1)	435,387 (14.9)	−12.9	509,035 (13.4)	16.9
	EU	545,522 (15.4)	446,160 (15.2)	−18.2	544,144 (14.4)	22.0
	日本	286,009 (8.1)	230,586 (7.9)	−19.4	282,113 (7.4)	22.3
	東アジア	1,461,543 (41.2)	1,160,967 (39.6)	−20.6	1,612,441 (42.6)	38.9
	中国	466,984 (13.2)	371,522 (12.7)	−20.4	542,674 (14.3)	46.1
	ASEAN	489,072 (13.8)	391,043 (13.3)	−20.0	523,672 (13.8)	33.9
ASEAN	世界	1,032,472 (100)	817,682 (100)	−20.8	1,094,542 (100)	33.9
	米国	110,793 (10.7)	87,238 (10.7)	−21.3	106,177 (9.7)	21.7
	EU	118,641 (11.5)	93,085 (11.4)	−21.5	118,009 (10.8)	26.8
	日本	107,964 (10.5)	78,461 (9.6)	−27.3	102,364 (9.4)	30.5
	東アジア	496,877 (48.1)	388,673 (47.5)	−21.8	551,095 (50.3)	41.8
	中国	110,176 (10.7)	78,250 (9.6)	−29.0	138,791 (12.7)	77.4
	ASEAN	263,426 (25.5)	204.257 (25.0)	−22.5	268,852 (24.6)	31.6

注：東アジアは中国、韓国、台湾、香港、およびASEAN。
出所：JETRO「世界貿易マトリクス」(http://www.jetro.go.jp/world/statistics/)。

貿易収支黒字化、外貨準備増加の傾向にあることをうかがうことができよう。

韓国の場合、交易条件の悪化による貿易収支の赤字転化、流入が加速していた外資の急激な引き揚げによってウォンの下落が避けられなかったが、それ

第5章　グローバル危機と東アジア経済圏

でも外貨が枯渇するまでには至らなかった。[7]

（3）貿易動向

　金融危機から始まったグローバル危機は実体経済に波及し、東アジア地域も貿易の縮小、マイナス成長を回避できなかった。

　表5-4によれば、2009年の輸出は軒並み前年比マイナスの増加率であったが、日本の－25.7％に対し、日本を除く東アジアは－17.3％、そのなかの中国は－15.3％、ASEANは－20.8％であって、米国の－18.7％、EUの－22.5％と比較すると、日本は米欧よりも減少し、中国はそこまでは縮小しなかったといえる。[8] 日本の場合は、米国、EU向け輸出の落ち込みが－30％を超えたことが目立っていた。

　注目すべきは、2009年から2010年にかけての回復の速さであり、米国の前年比輸出増20.9％、EU 8.1％に対して、日本は32.7％、日本を除く東アジアは29.3％と、大きく差をつけることになった。[9] 欧州債務危機に起因するEUの回復の遅れと、東アジアの立ち直りとが好対照をなしている。

　この結果、2008年から2010年にかけて、世界輸出に占める主要国・地域の割合は無視しえない変動を示した。EUが36.9％から33.3％へと3.6％シェアを落とす一方、日本を除く東アジアは22.1％から25.7％へとその分だけシェアを伸ばした。そのなかで、米国は8.1％から8.5％へ、日本は4.9％から5.1％へと微増したが、中国は9.3％から10.5％へとそれを上回る伸びを達成した。[10]

2．グローバル危機への対応——地域経済圏の役割

　このように、東アジアはグローバル危機の影響を大きく受けたが、それがアジア通貨危機時ほど深刻にならなかった要因としては、震源地でなかったことのほか、高成長地域としてアジア通貨危機の教訓を生かしていたこと、また大規模な財政出動、金融緩和策、内需拡大策により輸出減をカバーしたことなどが考えられる。

リーマン・ショックを契機にして発足したG20には、東アジアから日本のほかに中国、韓国、インドネシアが加わり、各国が協調して景気刺激策を打ち出すことになった。その規模は、中国4兆元（対GDP比13.3％、ただし中央政府は1兆1800億元）、日本32兆円（対GDP比4.2％）、韓国92兆ウオン（対GDP比9.1％）と、いずれも空前のものであった。環境政策とからめた自動車、家電製品の需要促進策などはそれなりの効果を生んだとみることができる。2009年、中国の新車販売台数は世界1位へと躍進した。

　そうした各国ごとの内需拡大策の意義をふまえたうえで、ここでは東アジアの危機対応における地域経済圏の役割に注目したい。1つは通貨金融協力の進展である。詳しくは後述するが、アジア通貨危機以後、ASEANと日韓中の財務大臣会議が定例化され、チェンマイ・イニシアティブ（CMI）と称する資金融通ネットワークの形成が進展した。ただし、グローバル危機においてCMIは行使されず、韓国などは米FRB等との通貨スワップ協定をもって流動性不足に対処している。しかし、このことから直ちにCMIの挫折と判断するのは結論の急ぎすぎであって、CMIの存在自体が金融危機のさらなる拡大を抑止する効果を持ったと評価してよいと思われる。

　もう1つは、中国を軸とする域内貿易網の厚みが、欧米からの危機の波及を緩和したことである。2008年から2009年にかけて世界全体の輸出は22.8％減少し、2009年から2010年にかけて21.2％増加したが、2008年の水準には回復しなかった。これに対して東アジアでは、表5-4に示されるように、2009年の下落率は日本を除いて世界全体より小さく、また2010年の上昇率は日本を含めて世界全体より大きかった。

　そのなかで、2008年から2010年にかけて、輸出先の比率の変動が生じている点に注目したい。日本の米国・EU向け比率は31.9％から26.9％へと5％低下し、東アジア向け比率は47.3％から53.6％へと6.3％上昇した。特に中国向けは16.0％から19.4％へと3.4％の増加である。日本を除く東アジアでは、米国・EU向けは29.5％から27.8％へと減少し、東アジア向けは41.2％から42.6％へと増加した。中国、ASEANも同様の動きを示した。ただし、日本向

けの比率はいずれも下落している。

　このように、グローバル危機の波及に際して東アジアは地域経済圏として対応し、危機の拡大を抑制するとともに、それを契機にして経済圏のさらなる深化を目指していると考えられる。そこで次に、東アジア経済圏の形成過程について、1960～80年代、1990～2000年代の2期に区分して考察してみたい。

第2節　20世紀後半における東アジア経済圏の編成

1.　米日主導の枠組み形成

　20世紀前半の東アジア経済圏は、日本帝国主義の段階的拡大によって特徴づけられる。台湾・朝鮮→「満州」・中国関内→東南アジアという経済圏拡大は軍事的性格が前面に出たものであり、「大東亜共栄圏」はアジア太平洋戦争の終結とともに消滅した。

　20世紀後半の東アジアでは、冷戦構造のもと、アメリカが先導し、再び日本が中心軸になる形で経済圏が編成されていく。20世紀後半の経済圏は、中国を除外する一方、日本、韓国、台湾、東南アジアに加えて、米国、豪州が参加するアジア太平洋経済圏（環太平洋経済圏）として形成され、それを前提にして20世紀前半の東アジア経済圏が再生していったこと（重層的経済圏の形成）が重要な特徴である。

　1950年代から日本は、米国の資本、日本の技術、東南アジアの資源・労働力を結びつけた地域開発の枠組みを模索していくが、その構想は直ちには実現せず、60年代半ばのアジア開発銀行設立、東南アジア開発閣僚会議発足をもって、ゆるやかな枠組みがひとまず形成された。地域経済圏の構造としては、米国・日本と東アジア各国とが垂直的な2国間関係で結合する一方、東アジア域内の水平的な相互関係の形成は微弱であった。東南アジアでは、67年にASEANが結成されたが、当初は経済圏編成の機能は強いものではなかった。

　1970年代以降、日本の高度経済成長を追う形で、いわゆる開発独裁体制の

もとで韓国、台湾を先頭にして、東アジアの工業化が進行していく。その際、米国、日本は引き続き主導的役割を発揮しており、ODA（政府開発援助）活用によるインフラ整備、民間資本（多国籍企業）・技術導入による製造業育成、日本からの資本財輸入、米国市場向け輸出などは、東アジア工業化、高度成長の不可欠の要件であった。

　こうして、日本－NIES－ASEANのいわゆる雁行形態型成長連鎖が形成されていった一方、地域経済圏の制度化はなかなか進展しなかった。日本では、1960年代後半に三木武夫外相の「アジア太平洋」構想、70年代末に大平正芳首相の「環太平洋連帯」構想などが打ち出されたものの、具体化には至らなかった。80年代に入り、ASEANの発展によってようやく気運が熟し、1989年にAPEC（アジア太平洋経済協力）が成立した。[16]

　この時点までは、アジア太平洋経済圏が実体面、そして制度面で表に出ており、東アジア経済圏はその陰に隠れる形になっていたといえる。しかし、APECが成立した1989年はまさに冷戦構造が解体した年であり、アジア太平洋経済圏と東アジア経済圏の関係は新たな段階に移行していくことになる。

2. 地域経済圏における資本移動と貿易動向

　以下では、1990年代以降との比較を念頭に置き、60年代から80年代にかけての東アジア経済圏の実体を概括しておきたい。[17]

　まず、経済成長率に着目すると、1970年代から2000年代にかけて、東アジアは高成長国の交代を伴いながら全体として高い成長率を記録したといえる。5年単位（単純平均）での推移をまとめると表5-5のごとくである。1960年代の日本に続き、70年代から80年代にはNIES、80年代後半から90年代前半にはASEAN、さらに90年代から2000年代には中国が高度成長を享受し、産業構造を高度化させていった。

　こうした高度成長の要因についてはすでに多くの指摘があるが、「外資導入→資本形成促進→生産能力拡大→輸入代替→輸出増加→輸入能力拡大→資本財輸入増加→資本形成促進」といったメカニズムは共通認識といってよ

第 5 章　グローバル危機と東アジア経済圏

表 5-5　東アジアの実質 GDP 成長率の推移（1971 〜 2010 年）（単位：%）

年	1971〜75	1976〜80	1981〜85	1986〜90	1991〜95	1996〜2000	2001〜05	2006〜10
日本	4.6	3.2	4.3	5.0	1.4	1.0	1.3	0.2
中国	5.9	6.6	10.8	7.9	12.3	8.6	9.8	11.2
NIES4 平均	8.6	9.6	7.1	9.0	7.2	4.9	4.3	4.6
韓国	9.7	8.4	9.1	10.5	7.9	5.4	4.5	3.8
台湾	…	…	6.4	8.9	7.2	5.3	3.6	4.2
香港	6.5	11.7	5.8	7.8	5.2	2.8	4.2	4.0
シンガポール	9.5	8.6	6.9	8.7	8.6	5.9	4.8	6.5
ASEAN4 平均	7.6	7.7	3.8	7.2	7.0	3.0	4.8	4.7
タイ	5.7	8.0	5.5	10.3	8.6	0.7	5.1	3.6
マレーシア	10.6	8.6	5.2	6.7	9.5	5.0	4.8	4.6
インドネシア	8.1	8.0	5.7	6.9	7.8	1.0	4.7	5.7
フィリピン	5.8	6.1	− 1.1	4.7	2.2	5.2	4.6	5.0

注：台湾の 1980 年代は IMF, World Economic Outlook Database（表 5-1 に同じ）による。
出所：アジア経済研究所「アジア動向データベース」(http://www.ide.go.jp/Japanese/Data/index.html)。

いだろう。[18]

　冷戦期の東アジア経済にとって、米国と日本の役割はとりわけ重要であった。外資導入を国家資本と民間資本に区分し、まず国家資本をみるならば、米国は 1950 年代から韓国、台湾に経済援助を投入し、60 年代からは日本が部分的に肩代わりしていく。日本の ODA は 70 年代後半から増加基調となり、NIES、さらに ASEAN のインフラ形成に大きな役割を果たしていった。[19] 79 年における東アジアの主要 ODA 受入れ国と日米のシェアをみると、インドネシア 6.3 億ドル（日本 36%、米国 29%）、タイ 2.8 億ドル（日本 65%、米国 3%）、フィリピン 1.7 億ドル（日本 52%、米国 32%）、韓国 1.0 億ドル（日本 54%、米国 24%）など、いずれも日本が最大の供与国であった。[20] 表 5-6 は 1980 年代後半における東アジアの 2 国間 ODA 受入れについて、主要供与国を集計したものである。NIES と中国・ASEAN では受入れ規模に大きな差があることとともに、中国・ASEAN への供与はいずれも日本が 50% 以上の高い比率を占め

113

表5-6　東アジアに対する2国間ODA供与の上位国(1986～1990年)(単位:百万ドル、%)

	第1位		第2位		第3位		総額
中国	日本	3,279.0 [57.8]	西独	466.9 [8.2]	フランス	448.8 [7.9]	5,675.4 [100.0]
韓国	日本	110.6 [123.2]	西独	97.0 [108.0]	フランス	14.3 [15.9]	89.8 [100.0]
台湾	西独	22.6 [16.4]	オーストリア	10.1 [7.3]	フランス	2.9 [2.1]	138.0 [100.0]
香港	豪州	27.1 [36.7]	日本	20.3 [27.5]	フランス	11.4 [15.4]	73.8 [100.0]
シンガポール	西独	92.6 [57.6]	日本	48.4 [30.1]	豪州	16.2 [10.1]	160.9 [100.0]
タイ	日本	1,830.9 [67.4]	西独	185.0 [6.8]	米国	138.0 [5.1]	2,716.5 [100.0]
マレーシア	日本	791.2 [65.5]	豪州	164.8 [13.6]	英国	138.8 [11.5]	1208.8 [100.0]
インドネシア	日本	3,866.1 [59.6]	オランダ	738.6 [11.4]	西独	436.9 [6.7]	6,489.1 [100.0]
フィリピン	日本	2,403.4 [56.7]	米国	1158.0 [27.3]	西独	172.9 [4.1]	4,235.8 [100.0]

注：1）ネットベースの資金フロー1986～90年合計。
　　2）下段は百分比。
　　3）韓国の総額が少ないのは、返済額が多いため。
出所：海外経済協力基金編『海外経済協力便覧』1992年版、248-315頁より作成。

ていることが明らかである。

　また、民間資本の直接投資について、主要投資国の動向をみると表5-7のごとくであり、1990年までは各国・地域とも概ね米国・日本が中心的存在であったことが分かる。これに関連して、技術貿易のうえでも日本が東アジアでは主要な輸出国であったことを指摘しておこう。[21]外資系企業の存在は次第に大きくなり、80年代半ばには、台湾の輸出の40％（製造業）、マレーシアの雇用の64％（全産業）、フィリピンの生産の35％（上位1000社）を占めるまでになった。[22]

第5章　グローバル危機と東アジア経済圏

表 5-7　東アジアに対する主要直接投資国の推移（単位：％）

		1970年	1980年	1990年	2000年	2010年
中国	米国		① 61.4	③ 13.1	② 10.8	⑤ 3.8
	日本		③ 4.8	② 14.4	④ 7.2	④ 4.0
	東アジア		② 香港 27.5	① 香港 54.9	① 香港 38.1	① 香港 63.8
韓国	米国	① 57.0	② 24.4	② 28.2	① 16.8	② 15.1
	日本	② 31.9	① 51.2	① 49.3	⑥ 10.8	① 15.9
	東アジア			⑤ 香港 3.0	③ マレーシア 13.3	④ シンガポール 5.9
台湾	米国	① 39.6		② 23.5	② 17.3	⑤ 8.4
	日本	② 14.0		① 35.9	④ 9.6	④ 10.5
	東アジア			④ 香港 8.2	③ シンガポール 17.0	⑥ 香港 4.4
香港	米国		① 40.2	② 30.6	⑤ 4.5	⑤ 4.3
	日本		② 22.7	① 31.5	⑥ 3.2	⑥ 2.3
	東アジア		⑦ フィリピン 3.3	③ 中国 10.6	② 中国 31.3	① 中国 36.4
シンガポール	米国	① 34.1	① 29.5	② 32.7	① 51.0	① 50.0
	日本	④ 6.9	④ 15.8	③ 31.5	② 20.9	② 12.3
	東アジア					
タイ	米国	② 20.0	② 12.4	② 11.6	② 17.8	
	日本	① 41.5	① 33.4	① 35.3	① 50.5	① 35.9
	東アジア	③ 台湾 18.3	② 台湾 13.8	③ 台湾 7.0	③ シンガポール 9.4	③ シンガポール 6.9
マレーシア	米国	③ 15.4	⑤ 7.5	⑤ 3.0	① 37.8	① 40.4
	日本	② 11.4	② 20.9	② 28.5	② 14.5	③ 13.9
	東アジア	① シンガポール 29.4	① シンガポール 24.9	① 台湾 37.8	④ シンガポール 9.0	② 中国・香港 11.7
インドネシア	米国	① 34.1	③ 8.8	④ 5.7	⑥ 4.6	③ 5.7
	日本	③ 16.8	① 36.9	① 24.9	① 16.0	④ 4.4
	東アジア	② フィリピン 16.9	② 香港 9.8	② 香港 9.6	③ シンガポール 8.4	① シンガポール 30.9
フィリピン	米国	① 51.9	① 49.5	④ 6.2	③ 11.9	⑤ 6.7
	日本	② 23.9	② 19.7	① 31.8	② 25.4	① 29.8
	東アジア			③ 香港 5.5	② 香港 21.7	⑥ シンガポール 4.7	③ 韓国 15.9

注：1）マル数字は直接投資額の国別順位を示す。
　　2）東アジア欄は東アジアの中で最上位の国を示す。
　　3）一部の国の年次は前後の年の場合がある。
　　4）1970、80、90年は残高または累計（90年の台湾、マレーシア、フィリピン、中国は単年）、
　　　 2000、10年は単年（香港は残高）ベース。
　　5）シンガポールは製造業のみ、インドネシアは金融、石油・ガスを除く。
出所：日本貿易振興会編『海外市場白書　投資編』『ジェトロ貿易投資白書』各年版。

次に、東アジア諸国・地域の貿易について、相手国・地域の動向に注目しながらその推移をうかがってみよう。

まず表5-8により、日本、韓国、台湾の1950年代から60年代にかけての動向をみると、日本の輸出では、米国が最大の市場であり、その比率は上昇傾向にあることが分かる。それに続く市場が東南アジア（ASEAN5＝シンガポール、インドネシア、マレーシア、フィリピン、タイ）であるが、比率は低下している。また韓国、台湾、中国の比率はそれぞれ2～4％、合計では5～10％程度にとどまっていたが、1970年には東南アジアを上回った。日本の輸入では、米国が輸出以上に高いシェアを占めていたが、低下傾向を示した。これに続くのは東南アジアであり、また韓国、台湾、中国の比率は輸出よりも低い水準にあった。

韓国の輸出先首位は、1950年→60年→70年の3時点で、日本→日本→米国と推移し、輸入先首位は日本→米国→日本と変動した。台湾についてもまったく同様の推移をみせた。ここで重要なのは60年から70年にかけての変化であり、韓国、台湾は日本から輸入し、米国へ輸出する三角貿易の型を形成したといえる。韓国、台湾の工業化戦略は、日本から資本財、中間財を輸入し、加工、組み立てをしたうえで最終消費財を米国に輸出するというものであったと推測できる。

この型はその後、どのように推移したのであろうか。表5-9によれば、2000年までは継続していることがうかがわれる。同時に、韓国、台湾とも輸出における米国依存度、輸入における日本依存度を徐々に低下させている。工業化の進展により、貿易相手国の多角化が図られた結果と考えられる。また、ASEAN4についてみれば（表5-10）、1990年のタイ、2000年のタイ、マレーシア、フィリピンなどに三角貿易に近い構図がうかがわれるが、型の検出といえるほどのものではない。いずれにせよ、輸出入ともに米国、日本への依存度が高いことは明らかである。

次に、中国を加えて1980年、90年における東アジア全体の輸出市場の構成をみていこう。表5-11によれば、全体の輸出規模のうえで日本が40％以上

第5章　グローバル危機と東アジア経済圏

表5-8　日本・韓国・台湾の地域別輸出入（1950、60、70年）（単位：価額は注参照、％）

		1950年		1960年		1970年	
輸出	日本	韓国	6,531	2.2	100,089	2.5	818,175	4.2
		台湾	13,684	4.6	102,237	2.5	700,418	3.6
		中国	7,068	2.4	2,726	0.1	568,878	2.9
		ASEAN5	46,197	15.5	501,679	12.3	1,808,190	9.9
		米国	64,547	21.7	1,101,649	27.2	5,939,819	30.7
		欧州	19,277	6.0	231,624	5.7	1,349,396	7.0
		世界計	298,021	100.0	4,054,537	100.0	19,317,687	100.0
	韓国	日本	24,586	75.5	20,175	63.4	234,329	28.1
		中国・香港	6,181	19.0	2,726	8.6	27,574	3.3
		アジア	66	0.2	981	3.1	54,133	6.5
		米国	1,588	4.9	3,647	11.5	395,181	47.3
		欧州	148	0.5	4,300	13.5	76,329	9.1
		世界計	32,573	100.0	31,832	100.0	835,185	100.0
	台湾	日本	217	36.2	2,247	37.7	8,625	15.1
		中国・香港	102	17.0	752	12.6	5,435	9.5
		アジア	70	11.7	1,718	28.8	9,132	16.0
		米国	33	5.5	686	11.5	22,567	39.5
		欧州	57	9.5	358	6.0	5,978	10.5
		世界計	599	100.0	5,966	100.0	57,132	100.0
輸入	日本	韓国	5,647	1.6	18,579	0.4	228,970	1.2
		台湾	12,894	3.7	63,522	1.4	250,765	1.3
		中国	14,158	4.1	20,729	0.5	253,818	1.3
		ASEAN5	42,737	12.3	539,104	12.0	1,865,050	9.9
		米国	150,565	43.2	1,553,534	34.6	5,559,579	29.4
		欧州	6,669	1.9	267,059	6.1	1,332,980	7.1
		世界計	348,196	100.0	4,491,132	100.0	18,881,168	100.0
	韓国	日本	3,601	69.1	70,400	21.4	809,282	40.8
		中国・香港	176	3.4	1,410	0.4	19,738	1.0
		アジア	593	11.4	25,973	7.9	298,898	15.1
		米国	547	10.5	133,746	40.6	584,792	29.5
		欧州	292	5.6	80,236	24.4	217,709	11.0
		世界計	5,213	100.0	329,116	100.0	1,983,972	100.0
	台湾	日本	253	31.9	3,815	35.3	26,177	42.8
		中国・香港	145	18.3	172	1.6	1,093	1.8
		アジア	62	7.8	1,118	10.4	7,879	12.9
		米国	148	18.6	4,115	38.1	14,593	23.9
		欧州	71	8.9	1,219	11.3	5,970	9.8
		世界計	794	100.0	10,797	100.0	61,110	100.0

注：1）日本の1950年は百万円、1960、70年は千ドル。欧州はイギリス、ドイツ、フランス、イタリアの合計。
　　2）韓国の1950年は百万圓、1960、70年は千ドル。
　　3）台湾は百万新台湾元。
出所：日本は『日本貿易会50年史　別冊統計集』1998年、18-29頁、韓国、台湾は堀和生『東アジア資本主義史論Ⅰ』ミネルヴァ書店、2009年、349、351頁。

表5-9 NIES4の主要貿易相手国の推移（1970～2010年）　　（単位：%）

			1970年	1980年	1990年	2000年	2010年
韓国	輸出	米国	① 46.8	① 26.4	① 29.9	① 26.8	② 10.7
		日本	② 28.3	② 17.3	② 19.4	② 11.9	③ 6.0
		東アジア	③ 香港	⑤ 香港	③ 香港	③ 中国	① 中国
			3.4	4.7	5.8	10.7	25.1
	輸入	米国	② 29.1	② 22.0	② 22.7	② 18.2	③ 9.5
		日本	① 40.9	① 26.2	① 24.6	① 19.8	② 15.1
		東アジア	⑤ マレーシア	⑦ インドネシア	⑥ インドネシア	③ 中国	① 中国
			2.4	2.0	2.1	8.0	16.8
台湾	輸出	米国	① 32.6	① 34.1	① 32.3	① 20.1	③ 11.5
		日本	② 14.0	② 11.0	③ 12.4	④ 9.2	④ 6.6
		東アジア	③ 香港	③ 香港	② 香港	② 香港	① 中国
			7.6	6.9	12.7	17.8	28.0
	輸入	米国	② 23.1	② 23.2	② 21.7	② 17.1	③ 10.1
		日本	① 41.3	① 26.4	① 27.2	① 26.7	① 20.7
		東アジア	⑤ タイ	⑥ インドネシア	⑥ 香港	③ 中国	② 中国
			2.4	2.4	2.7	4.1	14.3
香港	輸出	米国	① 35.7	① 26.1	② 24.1	② 23.2	② 11.0
		日本	③ 7.1	⑤ 4.6	④ 5.7	③ 5.5	③ 4.2
		東アジア	⑤ シンガポール	④ 中国	① 中国	① 中国	① 中国
			4.1	6.4	24.7	34.5	52.7
	輸入	米国	③ 12.9	③ 12.0	④ 7.9	④ 6.8	⑤ 5.3
		日本	① 23.5	① 23.3	② 14.4	② 12.0	② 9.2
		東アジア	② 中国	② 中国	① 中国	① 中国	① 中国
			15.9	19.9	24.0	43.1	45.5
シンガポール	輸出	米国	② 11.1	② 12.7	① 21.3	② 17.3	④ 6.4
		日本	③ 7.6	③ 8.1	③ 8.7	④ 7.5	⑤ 4.7
		東アジア	① マレーシア	① マレーシア	② マレーシア	① マレーシア	① マレーシア
			21.9	15.0	13.1	18.2	11.9
	輸入	米国	③ 10.6	② 14.0	② 15.0	③ 15.0	② 11.2
		日本	① 19.2	① 17.8	① 18.7	① 17.2	④ 7.9
		東アジア	② マレーシア	④ マレーシア	③ マレーシア	② マレーシア	① マレーシア
			15.0	10.9	11.6	17.0	11.7

注：1) マル数字は国別順位を示す。
　　2) 東アジア欄は東アジアの中で最上位の国を示す。
出所：高中公男『東アジア長期経済統計　第9巻　外国貿易と経済発展』勁草書房、2000年、日本貿易振興会編『ジェトロ貿易投資白書』各年版。

第5章　グローバル危機と東アジア経済圏

表5-10　ASEAN4の主要貿易相手国の推移（1970～2010年）　　（単位：%）

			1970年	1980年	1990年	2000年	2010年
タイ	輸出	米国	② 13.4	③ 12.7	① 22.7	① 21.3	③ 10.3
		日本	① 25.5	① 15.1	② 17.2	② 14.8	② 10.5
		東アジア	④ 香港 7.6	④ シンガポール 7.7	③ シンガポール 7.3	③ 中国 4.1	① 中国 11.0
	輸入	米国	② 14.8	② 16.5	② 10.0	② 11.8	④ 5.9
		日本	① 37.6	① 20.4	① 27.8	① 24.7	① 20.8
		東アジア	⑨ 香港 1.4	④ シンガポール 6.3	③ シンガポール 7.3	③ 中国 5.5	② 中国 13.3
マレーシア	輸出	米国	③ 13.0	③ 16.4	② 16.9	① 20.5	④ 9.5
		日本	② 18.3	① 22.8	③ 15.8	③ 13.1	③ 10.4
		東アジア	① シンガポール 21.6	② シンガポール 19.1	① シンガポール 22.8	② シンガポール 18.4	① シンガポール 13.4
	輸入	米国	③ 8.5	② 15.1	② 15.7	② 16.6	④ 10.7
		日本	① 17.5	① 22.9	① 22.3	① 21.1	① 12.6
		東アジア	④ シンガポール 7.5	③ シンガポール 11.8	③ シンガポール 15.0	③ シンガポール 14.3	② 中国 12.6
インドネシア	輸出	米国	③ 14.0	② 19.6	② 13.1	② 13.6	③ 9.0
		日本	① 33.3	① 49.3	① 42.5	① 23.2	① 16.3
		東アジア	② シンガポール 15.7	③ シンガポール 11.3	③ シンガポール 7.4	③ 中国 4.5	② 中国 15.1
	輸入	米国	② 17.6	② 13.0	② 10.6	② 10.1	④ 6.9
		日本	① 29.4	① 31.5	① 22.1	① 16.1	③ 12.5
		東アジア	④ シンガポール 5.6	④ シンガポール 8.6	④ シンガポール 5.7	③ 中国 6.1	① 中国 15.1
フィリピン	輸出	米国	① 41.7	① 27.3	① 37.9	① 29.5	② 14.6
		日本	② 39.8	② 26.6	② 19.8	② 14.7	① 15.2
		東アジア	④ 韓国 2.9	⑤ 韓国 3.5	⑥ 香港 4.0		③ シンガポール 14.3
	輸入	米国	② 28.6	① 23.2	① 17.8	② 17.0	② 10.7
		日本	① 30.2	② 19.6	② 16.6	① 19.2	① 12.3
		東アジア	⑨ マレーシア 1.8	⑤ 中国 2.6	④ 香港 4.3		③ シンガポール 9.5

注：1) マル数字は国別順位を示す。
　　2) 東アジア欄は東アジアの中で最上位の国を示す。
出所：高中公男『東アジア長期経済統計　第9巻　外国貿易と経済発展』勁草書房、2000年、日本貿易振興会編『ジェトロ貿易投資白書』各年版。

表 5-11　東アジアの輸出先の地域別推移（1980 〜 2010 年）　（単位：百万ドル、%）

	輸出先	1980 年		1990 年		2000 年		2010 年	
日本	中国	5,109	3.9	6,145	2.1	30,356	6.3	149,626	19.3
	NIES4	④ 18,908	14.5	④ 55,742	19.4	③ 113,421	23.7	151,476	19.6
	ASEAN4	9,164	7.0	22,241	7.7	45,381	9.5	112,868	14.6
	米国	① 31,910	24.5	① 91,121	31.7	① 144,009	30.1	120,483	15.6
	EU	② 20,314	15.6	③ 59,627	20.7	80,544	16.8	87,105	11.3
	世界計	130,435	100.9	287,678	100.0	478,179	100.0	771,720	100.0
		[47.9]		[40.7]		[28.9]		[16.9]	
中国	日本	4,032	22.2	9,210	14.7	41,654	16.7	120,262	7.6
	NIES4	4,774	26.3	29,918	47.7	67,174	27.0	② 319,368	20.2
	ASEAN4	775	4.3	1,830	2.9	9,335	3.7	138,236	8.7
	米国	983	5.4	5,314	8.5	52,162	20.9	④ 283,679	17.9
	EU	2,687	14.8	6,412	10.2	40,783	16.4	③ 311,478	19.7
	世界計	18,139	100.0	62,760	100.0	249,195	100.0	1,580,400	100.0
		[6.7]		[8.9]		[15.1]		[34.7]	
NIES4	日本	7,677	10.1	30,272	11.2	58,664	8.9	59,487	5.3
	中国	1,557	2.0	21,130	7.8	⑤ 97,793	14.8	① 403,883	36.3
	NIES4	6,923	9.1	30,457	11.3	95,924	14.5	…	…
	ASEAN4	8,087	10.6	23,300	8.6	67,652	10.2	116,584	10.5
	米国	③ 18,949	24.8	② 72,198	26.7	② 143,595	21.8	119,179	10.7
	EU	13,546	17.8	⑤ 45,492	16.9	④ 98,406	14.9	114,657	10.3
	世界計	76,295	100.0	269,923	100.0	660,064	100.0	1,113,979	100.0
		[28.0]		[38.2]		[39.9]		[24.4]	
ASEAN4	日本	⑤ 16,272	34.5	21,020	24.3	42,968	16.1	102,364	9.4
	中国	386	0.8	1,784	2.1	9,265	3.5	138,791	12.7
	NIES4	8,359	17.7	19,204	22.2	68,331	25.6	143,452	13.1
	ASEAN4	1,514	3.2	3,612	4.2	18,803	7.0	⑤ 268,852	24.6
	米国	8,839	18.7	16,695	19.3	54,762	20.5	106,177	9.7
	EU	6,623	14.0	14,603	16.9	40,745	15.2	118,009	10.8
	世界計	47,158	100.0	86,361	100.0	267,420	100.0	1,094,542	100.0
		[17.3]		[12.2]		[16.2]		[24.0]	

注：1）マル数字は輸出額上位 1 〜 5 位を示す。
　　2）2010 年の NIES はシンガポールを除く。ASEAN は 10 カ国。
　　3）世界計の下の [ ] 内数値は、東アジアの輸出全体に占める割合を示す。
出所：JETRO「世界貿易マトリクス」（http://www.jetro.go.jp/world/statistics/）。

第5章　グローバル危機と東アジア経済圏

と高いシェアを占めており、日本が中心国の地位にあったことが分かる。これに続くのがNIES4であり、その規模は90年には日本に接近している。これに対し、ASEAN4、中国の地位ははるかに低いところにあった。

日本の輸出先は米国、欧州が主であり、その次にNIES4が位置していた。NIES4の輸出先も米国、欧州中心であって、東アジアはそれに及んでいなかった。一方、ASEAN4、中国の輸出先は、米国、欧州よりも東アジアが多かったが、規模はそれほど大きくなかった。要するに、域内輸出では、日本→NIES、またASEAN→日本がやや目立つ程度にすぎず、米国・欧州市場に大きく依存する構造であった。

貿易品目では、NIESの輸出品は1960年代後半から工業製品が過半を占め、ASEANは80年代後半に工業製品が1次産品に迫る趨勢を示した。(23)ただし、工業製品貿易が増大したとはいえ、80年代までは東アジア域内相互の水平的な産業内分業構造は未形成であり、米国・日本との間の垂直的分業関係が基調であった。日本から資本財、部品が供給され、最終製品に仕上げて米国・EUに輸出する流れが中心となって経済圏が編成されていった。

こうした米国・日本が主導する枠組みは、1990年代以降、中国の台頭によって大きく転換していくことになる。

第3節　東アジア経済圏の現段階（20世紀末〜21世紀初頭）

1. 画期としての1990年代

冷戦終結は東アジア経済圏形成に巨大なインパクトを与えた。グローバリゼーションの進展、地域統合の推進、そのなかでの中国の躍進が、東アジア経済圏を新たな段階に移行させる意味を持った。

表5-12によって1990年代の動向をたどると、欧州におけるECからEUへの発展、北米におけるNAFTAの成立と並行して、東アジアにおいても地域統合の進展が認められる。東アジアの動きは、欧州、北米を意識したものであ

り、特に注目すべきは、ASEANが中核となって様々な取組を進めていったことである。

　ASEANは、発足当初の5カ国が1984年にブルネイを加えて6カ国になり、さらに90年代に入って、95年ベトナム、97年ラオス、ミャンマー、99年カンボジア加盟により10カ国組織に拡大した。そして92年には、ASEAN自由貿易地域（AFTA）構想が合意をみた。そのうえで、ASEAN地域フォーラム（ARF、25カ国）、アジア欧州会合（ASEM、46カ国）など、欧州を含む多国間の会議体を創出した。[24]

　ASEANを核とした東アジアの地域統合は、APEC（アジア太平洋経済圏）とASEAN+日中韓（東アジア経済圏）の2潮流が部分的に重なりつつ、米中対抗の要素をはらみながら進行していく。APECは冷戦期の枠組みの発展型であり、当初はASEAN6カ国に豪州、ニュージーランド、日本、韓国、米国、カナダの計12カ国でスタートしたが、1991年に中国、台湾、香港（当時英領）、さらに中南米諸国、ロシア等が加わり、21の国・地域で構成される協議体へと拡大した。APECは多国間の協力と貿易・投資の自由化を目指すゆるやかなフォーラムであり、国際機関から排除されている台湾が参加できている点にもその柔軟な性格が表れている。米国は、1993年7月にクリントン大統領が「新太平洋共同体構想」を提起し、同年11月のシアトル閣僚会議を首脳会議に格上げしてAPEC重視の姿勢を示した。

　ところが、APEC発足から1年経過した1990年12月、マレーシアのマハティール・ビン・モハマド（Mahathir bin Mohamad）首相は、東アジア経済グループ（EAEG）という米国を除外した東アジア連携構想を打ち出した。この構想は、米国の反発、日本の消極姿勢によって直ちには実現しなかったものの、1997年のアジア通貨危機を契機とするASEAN+3（日中韓）首脳会議の発足によって具体化することになった。以後、ASEAN+3は、通貨金融協力を中心として多様な課題に取り組み、東アジア経済圏の制度化を実体的に担う枠組みへと発展していく。

　2000年代に入り、ASEAN+3の実体形成と並行して、東アジアサミット

第 5 章　グローバル危機と東アジア経済圏

表 5-12　冷戦終結後における地域統合の動向

年	世界	東アジア
1989	11. ベルリンの壁、崩壊 12. 米ソ首脳のマルタ会談	6. 中国、天安門事件 11. アジア太平洋経済協力（APEC）発足
1990	10. 東西ドイツ統一	12. マハティール、東アジア経済グループ（EAEG）構想提起
1991	12. ソ連邦解体	2. 日本、バブル経済の崩壊開始 9. 韓国、北朝鮮、国連同時加盟
1992	2. EC、マーストリヒト条約調印 12. 北米自由貿易協定（NAFTA）調印	1. ASEAN 首脳会議、自由貿易地域（AFTA）構想合意 1. 鄧小平、南巡講和
1993	11. マーストリヒト条約発効、EU 発足	7. クリントン、新太平洋共同体構想発表
1994	1. NAFTA 発効	7. ASEAN 地域フォーラム（ARF）発足 11. APEC、貿易自由化のボゴール宣言採択
1995	1. 世界貿易機関（WTO）発足	7. ベトナム、ASEAN 加盟
1996		3. アジア欧州会合（ASEM）発足
1997		5. アジア通貨危機勃発 7. 香港、中国に返還 12. ASEAN+日中韓首脳会議開催

出所：筆者作成。

（ASEAN＋3にインド、豪州、ニュージーランドが参加する ASEAN＋6、後に米国、ロシアも参加する ASEAN+8 に拡大）、また APEC を舞台とした TPP（環太平洋経済連携協定）など、多様な枠組みが創出されていく[25]。しかし、関係する会議体の集積度、取り組みの包括性からみて、ASEAN+3 が東アジア経済圏の制度的基盤として最も有力な枠組みであることは間違いあるまい。

2. 東アジア経済圏の再編

ポスト冷戦期に東アジア経済圏は新たな段階に移行していく。いくつかの指標からその変化を確認できる。

第1に、世界経済における地位の上昇である。ASEAN+3の世界GDPに占めるシェアは、1985年の16.8％が2010年には21.6％へと増大した。[26] 中国の高度成長の継続がその主因であった（表5-5）。世界輸出に占める東アジアのシェア増大はさらに顕著であり、1985年の19.4％が2010年には30.4％へと高まった。[27]

第2に、東アジア経済圏における中心国の交代である。表5-11に示されるように、1990年頃までは日本が最大の輸出規模を維持していたが、2010年には中国が中心国へと躍進し、さらにNIES4、ASEAN4がこれに続く位置を占め、輸出面をみるかぎり日本の地位は大きく低下している。

第3に、東アジア経済圏における相互依存関係の深化である。輸出先をみると（表5-11）、1990年頃までは、日本⇔NIES4、日本⇔ASEAN4という日本をハブとする垂直的関係が主流であったが、2000年代に入ると、中国⇔NIES4を中心に、中国⇔ASEAN4、NIES4⇔ASEAN4、ASEAN4域内関係などがそれに続き、いわば水平的関係が基調となってきていることが分かる。[28] 表5-9、5-10によれば、各国・地域の主要貿易相手国が、米・日から中国へとシフトしていることが明らかである。ただし、表5-7により直接投資の動向をみると、こちらは日本の高い地位が維持されており、中国とNIES4の投資国としての登場がみられるとはいえ、そのウェイトは大きくない。貿易面では中心国が日本から中国にシフトしたが、投資面では以前の時期と同様に、なお日本が軸となっており、そこに円高を要因とする日本資本の東アジア進出、日本国内の産業空洞化の構図をみることができる。

それでは、こうした域内の相互依存関係深化の内実は何か。貿易の中核が工業製品であることはいうまでもないが、そのなかでも中間財の割合の増加が著しい。貿易財を素材、中間財（加工品・部品）、最終財（資本財・消費財）に3分類し、1990年から2009年にかけての輸出品構成の変化をみると、日

第 5 章　グローバル危機と東アジア経済圏

本の中間財輸出は 44.7％から 58.7％へ、韓国は 41.6％から 64.4％へ、中国は 26.3％から 35.7％へ、ASEAN は 47.3％から 55.0％へと、それぞれ比率を高めている。[29] 中国の場合、中間財よりも最終財の輸出が多くを占めており、他地域から中間財を輸入して最終財に仕上げ、世界に輸出する役割を果たしている。

　こうした中間財貿易の活況は、直接投資の増大によって製造工程の国境を越えた分業が緻密化した結果にほかならない。このことは、情報通信革命の進展、物流技術の革新、さらに FTA 等による市場統合効果などを要因としており、世界的な傾向といえる。なかでも東アジアは、多国籍企業の主導するサプライチェーン、国際価値連鎖（グローバル・バリュー・チェーン）を活用し、世界的な製造業の拠点へと発展した。[30]

　ここで注意すべきは、国家単位で測定される生産・貿易と国境を越えた多国籍企業の事業活動（生産・貿易）との乖離である。例えば、日本の GDP、貿易規模などをみると、その存在感は低下しているが、東アジアにおける日本多国籍企業の役割は大きい。日本の国際収支における貿易収支黒字の縮小、所得収支黒字の増大は、日本企業のアジア進出の結果にほかならない。また中国の輸出入に占める外資系企業の比率が 50％を上回っていることも、しばしば指摘されるところである。[31]

　また、中間財貿易の増加はみかけの貿易規模を拡大させるが、重複計算が多くなるため、付加価値ベースでとらえ直すと異なった様相がみえてくることにも留意しておきたい。例えば、2009 年に米国は中国からアップルの iPhone を 19 億ドル輸入しているが、これを付加価値で分解すると、中国の取り分はわずか 7300 万ドル、日本が 6 億 8500 万ドル、ドイツが 3 億 4100 万ドル、韓国が 2 億 5900 万ドルを得たことになるという計算もある。[32]

　さらに、中間財貿易の拡大は結局のところ米国・EU における最終財需要に支えられているのであって、不況の波が米国・EU → 中国 → 東アジアと伝播してくるという脆弱性を持つとの指摘もある。[33]

　以上のように、中間財貿易の拡大を通じた東アジア経済圏の域内依存関係の深化には様々な留意すべき点が含まれていることは認めなければならない。

とはいえ、中長期的にみれば、東アジア諸地域における所得水準の上昇につれて最終財需要が拡大し、東アジア経済圏が自足度を高めていく方向性は否定できないであろう[34]。

次に、こうした変化をみせた東アジア経済圏について、制度・政策面の動向を探っていくこととする。

3. 協力と対抗の構図

東アジアにおける経済圏の形成は、欧州のように制度が先導するのでなく、実体面が先行し、制度化は遅れている。APECは拘束力の弱いフォーラムであり、それに比べるとASEAN+3は実効性のある取り組みを進めており、特に通貨金融協力が進展している。他方、2000年代には2国間のFTA締結が盛んに行われ、それが集積して地域経済圏の制度化を促す局面も現われている。そしてそうした制度化の過程において、東アジアの2つの大国、日本と中国が協力と対抗の両面を持って対峙している。以下、日中関係に留意しつつFTAと通貨金融協力の動向を追ってみたい。

（1）東アジアにおけるFTAネットワークの形成

東アジアにおけるFTA（日本の場合はEPA）の締結動向は表5-13のようになる[35]。東アジアではASEAN自体が市場統合を進める一方、日本、中国、韓国とはそれぞれFTAを締結しており、ASEANが東アジアにおけるハブの役割を果たしている。日本、中国、韓国間では、準備作業は積み重ねてきたものの、各国の思惑の違いから2国間あるいは3国間のFTA締結には至っていない。日中韓のFTA構築、それとASEANとの統合によって東アジア経済圏は新局面を迎えることになるが、いまだその時期には至っていない。

この間の経過で注目すべき第1は、ASEANにおける統合の深化である。ASEANは、1997年に「ASEANビジョン2020」、2003年に「第2 ASEAN協和宣言」を採択し、経済共同体のみならず、安全保障と社会・文化の面でも共同体を目指すことを明らかにしている[36]。これが欧州のような主権国家を越え

第 5 章　グローバル危機と東アジア経済圏

表 5-13　冷戦終結後における地域統合の動向

	日本	中国・韓国・広域
2002	1. シンガポールと EPA 署名（11. 発効）	11. 中国・ASEAN 包括的経済協力枠組み協定署名（2003.7 発効）
2003	12. 韓国と EPA 交渉開始（その後、中断）	
2005	12. マレーシアと EPA 署名（2006.7 発効）	4. 中国提案により東アジア自由貿易圏構想（EAFTA、ASEAN+3）の民間研究開始（2009.10 政府間協議開始）
2006	9. フィリピンと EPA 署名（2008.12 発効）	3. 韓国・シンガポール FTA 発効 11. APEC 首脳会議、アジア太平洋自由貿易圏（FTAAP）研究に合意、ニュージーランド、シンガポール、ブルネイ、チリ TPP（P4）発効
2007	3. タイと EPA 署名（9. 発効） 6. ブルネイと EPA 署名（2008.7 発効） 8. インドネシアと EPA 署名（2008.7 発効）	6. 韓国・ASEAN、FTA 基本協定発効 6. 日本提案により東アジア包括的経済連携構想（CEPEA、ASEAN+6）の民間研究開始（2009.10 政府間協議開始）
2008	4. ASEAN 構成国と EPA 署名（2010.7 発効） 12. ベトナムと EPA 署名（2009.10 発効）	9. 中国・シンガポール FTA 署名（2009.1 発効）
2010	5. 日中韓 FTA 産官学共同研究開始（2011.12 終了）	1. 中国・ASEAN 自由貿易地域成立 3. 米国を含む 8 ヵ国、TPP 交渉開始 6. 中国・台湾経済協力枠組み取決め署名（9. 発効） 9. 中韓 FTA、政府間事前協議開始
2012	4. 日本・ASEAN 経済相会合（東京）、ASEAN+6 の東アジア包括的経済連携協定交渉入りの合意	

出所：外務省経済局「日本の経済連携協定（EPA）の現状と主要国・地域の取組状況」2012 年 4 月（http://www.mofa.go.jp/mofaj/gaiko/fta/pdfs/genjo_kadai.pdf）、『朝日新聞』2012 年 4 月 28、29 日。

た共同体を目指すものとは想定できないが、この枠組みが日中韓 3 国にも及ぶのであれば、東アジアの地域統合はより深いものになると考えられる。

注目すべき第2は、ASEANとのFTA締結をめぐる日中の先陣争いである。2000年11月の中国・ASEAN首脳会議において中国の朱鎔基首相が最初にASEANとの自由貿易地域設立構想を提起し、2001年11月の首脳会議で10年以内の設立に合意、2002年11月に包括的経済協力枠組み協定に署名した。この動きに対し、それまでWTO交渉を優先させていた日本は、急遽FTA推進に転換し、2002年1月、シンガポールと最初の協定を成立させ、2003年11月には、域外初となる日本・ASEAN特別首脳会議を東京で開いた。そのうえで、ASEAN各国との2国間協定、またASEAN全体との協定締結を急いだ。中国は2002年協定の前倒し、関連協定の追加を進め、2006年10月、域外2回目となる中国・ASEAN特別首脳会議を南寧で開催した。[37]

ASEANからみれば、中国と日本とのバランスをとりたいところであろうが、貿易依存度でみるかぎり、中国優位の方向に進んでいる。

(2) 通貨金融協力の進展

ASEAN+3形成の直接の契機はアジア通貨危機であったため[38]、再発防止の意味を込めて通貨金融協力への取り組みが最も進んでいる（表5-14）。

よく知られているように、1997年7月のタイバーツ暴落に始まるアジア通貨危機に際し、同年8月に東京で開催された支援国会合を契機にしてアジア通貨基金（AMF）設立構想が浮上した。この構想はIMFの東アジア版であり、拠出額は1000億ドル、参加国・地域は日本、中国、韓国、香港、豪州、シンガポール、タイ、マレーシア、インドネシア、フィリピンであったが、米国、IMF等の反対のため、そのまま実現するものではなかった[39]。11月にマニラで開催された財務大臣・中央銀行総裁代理会議において、よりゆるやかな「マニラフレームワーク」が合意され、域内経済サーベイランスの定期化、IMFの支援を前提とした通貨安定のための協調支援アレンジメント（CFA）などを実施に移すこととなった。翌98年10月、日本政府は通貨危機国支援スキームとして総額300億ドルの「新宮沢構想」を打ち出した[40]。これらの枠組みに含まれていた2国間の通貨融通取極めを集成する形で、2000年5月の第2回

第5章　グローバル危機と東アジア経済圏

ASEAN+日中韓財務大臣会議（チェンマイ）において、2国間通貨協力を束ねるスキームとしてチェンマイ・イニシアティブ（CMI）が合意された。

以後、定例のASEAN+3財務大臣会議のもとで、CMIの強化、またアジア債券市場育成イニシアティブ（ABMI）、域内サーベイランス・ユニット設置、専門家によるリサーチ・グループ組織化などの一連の通貨金融協力作業が積み重ねられていく[41]。

CMIによる2国間通貨スワップ取極めの総額は、2004年375億ドル、2006年750億ドル、2009年900億ドルへと増加した[42]。また2008年の韓国通貨危機を背景として、2国間取極めから多国間取極めへの移行（CMIマルチ化）が検討され、2010年に移行が完了した。

CMIマルチ（CMIM）は総額1200億ドルで、国別の貢献額、投票権等は表5-15のごとくである。金額でみるかぎり、1997年のAMF構想に相当するところまで到達したといえる。CMIマルチの特徴について、3点指摘しておきたい。第1は、各国間のバランスを絶妙に考慮している点である。貢献割合は日中韓80％、ASEAN20％とされ、日本と中国（香港を含む）は同率、韓国はその半分、またASEAN内は国力に応じて5グループに分けられている。貢献割合に応じて投票権が配分されるが、日本、中国ともに3分の1に達せず、決定において単独では拒否権を行使できない水準に設計されている。

第2は、IMFとの関係が強く残っている点である。CMIマルチの発動は、IMFとの協調を前提としており、独自に発動できる割合は20％が上限（IMFデリンク）とされた。これではIMFの補完機能にとどまり、独立性を有していないといわざるをえない。なお、2012年5月の第15回ASEAN+3財務大臣・中央銀行総裁会議において、資金枠の倍増（2400億ドル）とともに、IMFデリンク割合は、2012年に30％、2014年に40％へと引き上げることが合意された[43]。

第3は、CMIは創出以来10年以上経過しているが、一度も発動されていない点である。グローバル危機に際して、韓国などは通貨危機に陥ったが、CMIに頼るのでなく、米国、日本、中国等との2国間支援の枠組みを使って

129

表 5-14　東アジア通貨金融協力の進展

1997. 7	アジア通貨危機勃発
1997. 8	アジア金融支援国会合（東京）でアジア通貨基金（AMF）構想浮上
1997.11	アジア財務大臣・中銀総裁代理会議（マニラ）、マニラ・フレームワーク設立
	・通貨安定のための協調支援アレンジメント（CFA）に合意
	・域内サーベイランス、債券市場育成に合意
1997.12	第1回 ASEAN+3 首脳会議（クアラルンプール）
1998.10	アジア財務大臣・中銀総裁会議、300億ドルの新宮沢構想提起
1999. 4	第1回 ASEAN+3 財務大臣会議（マニラ）
2000. 5	第2回 ASEAN+3 財務大臣会議（チェンマイ）、CMI に合意
2002. 4	財務大臣・中銀総裁代理による「経済レビュー・政策対話」（ERPD）定例化
2003. 8	第6回 ASEAN+3 財務大臣会議（マニラ）
	・アジア債券市場育成イニシアティブ（ABMI）に合意
	・ASEAN+3 リサーチ・グループ設置に合意
2004. -	ABMI によりアジア・ボンド・オンライン立ち上げ
2005. 5	第8回 ASEAN+3 財務大臣会議（イスタンブール）
	・CMI の強化（ERPD の組み込み、規模の拡大、発動メカニズムの整備等）に合意
	・ABMI のロードマップに合意
2006. 5	第9回 ASEAN+3 財務大臣会議（ハイデラバード）、CMI のマルチ化（CMIM）検討に合意
2009. 2	ASEAN+3 財務大臣特別会議（プーケット）、経済・金融安定回復の行動計画採択
	・CMIM 規模の 800 億ドルから 1200 億ドルへの増額
	・独立した地域サーベイランス・ユニットの設立
	・ABMI の新ロードマップに沿った協力の強化
2009. 5	第12回 ASEAN+3 財務大臣会議（バリ）、CMIM への各国の貢献額、買入乗数、投票権に合意
2009.12	ASEAN+3 財務大臣、中銀総裁、香港金融管理局、CMIM 署名（2010.3 発効）
2010. 5	第13回 ASEAN+3 財務大臣会議（タシケント）
	・ASEAN+3 マクロ経済リサーチ・オフィス（AMRO）設置に合意
	・ABMI について、信用保証・投資ファシリティ（CGIF）設立を歓迎
	・ASEAN+3 債券市場フォーラム（ABMF）の設立を承認
	・ASEAN+3 リサーチ・グループの研究を評価
2010. 9	ABMI により ASEAN+3 債券市場フォーラム（ABMF）設立

第5章　グローバル危機と東アジア経済圏

2010.11	ABMIにより信用保証・投資ファシリティ（CGIF）設立（マニラ、資本規模7億ドル）
2011. 4	ASEAN+3マクロ経済リサーチ・オフィス（AMRO）、シンガポールに設立
2011. 5	第14回ASEAN+3財務大臣会議（ハノイ） ・CMIMについて、実務ガイドライン承認、AMRO強化に合意 ・ABMIについて、CGIF、ABMFの進展に期待 ・ASEAN+3リサーチ・グループによる地域通貨単位、急激な資本移動等への取り組みを評価 ・将来の課題として、インフラ金融、災害リスク保険、貿易の現地通貨決済を特定 ・次回会議より、中央銀行総裁の参加を歓迎
2012. 5	第15回ASEAN+3財務大臣・中央銀行総裁会議（マニラ） ・CMIM規模の1200億ドルから2400億ドルへの増額 ・IMFデリンク枠の20％から40％への引き上げ ・債券市場育成の新工程表採択

出所：財務省ウエブサイト（http://www.mof.go.jp/international_policy/financial_cooperation_in_asia/index.html）。栗原毅「ASEAN+3地域金融協力――10年の成果と今後の課題」（『国際金融』1228号、2011年9月）。『日本経済新聞』2012年5月4日。

いる。このことは、IMFの関与が前提になるというCMIの使い勝手の悪さを示すものである。とはいえ、大規模な通貨投機攻撃をあらかじめ抑制する機能については評価することができよう。

　通貨スワップ協定以外の取り組みでは、2003年にスタートしたアジア債券市場育成イニシアティブ（ABMI）が一定の進展をみている。これは、東アジア経済圏域内にリージョナル・スケールの資本市場を育成し、域内資本循環メカニズムを構築する構想である。東アジアのクロスボーダー債券取引の域内比率は20％にすぎず、欧州の73％に比べてきわめて低いし、東アジア貿易の域内比率に比べてもかなり低い。こうした域内比率のギャップを埋めていくため、ABMIは保証機関、決済システム、格付機関など、債券市場のインフラ整備を進めている。その成果として、2010年に「信用保証・投資ファシリティ」（CGIF）が出資総額7億ドル（日本、中国各2億ドル、韓国1億ドル、ASEAN10カ国0.7億ドル、アジア開発銀行1.3億ドル）で設立された。

表5-15 チェンマイ・イニシアティブの

			貢献額 (億ドル)		割合 (%)
日中韓			960		80.0
	日本		384		32.0
	中国	香港を除く中国	384	342	32.0	28.5
		香港		42		3.5
	韓国		192		16.0
ASEAN			240		20.0
	インドネシア		45.5		3.793
	タイ		45.5		3.793
	マレーシア		45.5		3.793
	シンガポール		45.5		3.793
	フィリピン		45.5		3.793
	ベトナム		10.0		0.833
	カンボジア		1.2		0.100
	ミャンマー		0.6		0.050
	ブルネイ		0.3		0.025
	ラオス		0.3		0.025
合計			1200		100.0

注：2009年5月、第12回ASEAN+日中韓財務大臣会議における決定。
出所：財務省ウエブサイト（表5-14に同じ）。

　このような通貨金融協力は必ずしも順調に進んでいるわけではない。金融セクターにおいてなお東アジアの中心国を自負している日本と新興中国との対抗の場面がしばしば現われている。CMIマルチの貢献割合、CGIFの出資割合などでは、日中のウェイトを同等とすることで決着がつけられたが、CMIで設けられた域内サーベイランス・ユニットを発展させた「ASEAN+3マクロ経済リサーチ・オフィス」（AMRO）の設立では、事務局長ポストをめぐって日中対抗が表面化した。日本政府は、新宮沢構想からCMI育成に至る経緯からみて、当然日本がこのポストを得るものと考えていたが、中国がこれに対抗したため、なかなか合意が成立せず、結局3年任期を分割して、1年目は中国、2～3年目は日本が担当することで妥協せざるをえなかった。[47]

第5章　グローバル危機と東アジア経済圏

マルチ化における各国の貢献額、投票権

買入乗数	買入可能総額（億ドル）	IMFデリンク	投票権 基本票	投票権 貢献額票	投票権 合計	投票権率（％）
	576	132	48	960	1008	71.59
0.5	192	38.4	16	384	400	28.41
0.5	171	34.2	16	342	358	25.43
2.5	21	21.0	0	42	42	2.98
1.0	192	38.4	16	192	208	14.77
	631	126.2	160	240	400	28.41
2.5	113.8	22.76	16	45.52	61.52	4.369
2.5	113.8	22.76	16	45.52	61.52	4.369
2.5	113.8	22.76	16	45.52	61.52	4.369
2.5	113.8	22.76	16	45.52	61.52	4.369
2.5	113.8	22.76	16	45.52	61.52	4.369
5.0	50.0	10.0	16	10.0	26.0	1.847
5.0	6.0	1.2	16	1.2	17.2	1.222
5.0	3.0	0.6	16	0.6	16.6	1.179
5.0	1.5	0.3	16	0.3	16.3	1.158
5.0	1.5	0.3	16	0.3	16.3	1.158
	1207	258.2	208	1200	1408	100.00

　ところで、以上のような通貨金融協力は、欧州の経験に比べればきわめて初歩的な段階にとどまっているとみなければならない。これまで東アジアはドル圏に属していたが、今後、基軸通貨ドルの地位が低下する一方、東アジアの経済統合が進展していくとすれば、東アジアにおいてなんらかの安定した通貨・為替システムを創出していくことが求められる。東アジアの有力な通貨として日本円と人民元があげられるが、いずれかがドルに代位する可能性はあるのであろうか。

　日本政府は1980年代から円の国際化、東京金融市場の国際化を追求してきたし、90年代末からは新宮沢構想のもとで円のアジア化を構想してきたが、必ずしも狙いどおりには進んでいない。今後、日本経済の低成長が続くとすれ

ば、円が東アジアを代表する通貨となることは考えにくい。他方、経済成長の著しい中国の人民元は、為替、資本取引の自由化を行っていないため、近年若干の国際化を進めているとはいえ国際通貨の地位からはほど遠く、ドルに代わる準備はできていない。そうとすれば、これまでの通貨金融協力の延長上に、通貨バスケット方式を基本とする東アジア共通通貨制度を創出する方向が考えられる。この構想は研究レヴェルにとどまり、政策課題には浮上していないが、すでにシンガポール・ドルを軸とするゆるやかな「為替相場圏」の実体形成が進んでいるという指摘もあり、ドル基軸通貨体制の混迷に照応して、次第に現実性を帯びてくるように思われる。

4. 東アジア経済圏の歴史的位相――むすびにかえて

グローバル危機と東アジア経済圏の関係を考える場合、以下の2側面を指摘できよう。第1は、東アジア経済圏の急成長がグローバル・インバランスを引き起こし、米国・欧州の危機の原因を作った側面である（システム攪乱の側面）。東アジアから米国への工業品輸出拡大は、米国の経常収支赤字と東アジアの経常収支黒字を増大させ、米国の対外債務の累積と東アジアの外貨準備の累増をもたらした。東アジアから米国への資本移動によって、このインバランスは破綻を免れてきたが（ブレトンウッズⅡ）、そのメカニズムは安定的とはいえず、いずれ深刻なドル危機を発生させるかもしれない。

第2は、その半面で東アジアが当面はグローバル危機の拡大を食い止める役割を果たしていることである（システム維持の側面）。G20への日本、中国、韓国、インドネシアの参加、協調した財政出動による需要創出、さらに欧州債務危機に備えたIMF、EFSF、ESM等の資本増強において、東アジアは大きな役割を演じつつある。そのなかで中国は、IMF出資割合の引き上げ（第6位4.00％から第3位6.39％へ）、副専務理事、事務局長ポストの獲得、SDR改革の提唱など、危機克服の過程を通じて発言力を高めようとしている。

長期的にみれば、世界資本主義システムは米国1極型から北米、欧州、東アジア並立の3極型に移行し、それに対応して国際金融システムも再編成さ

第5章　グローバル危機と東アジア経済圏

れるのであろう。GDP首位国はいずれ米国から中国に交代すると予測されている。しかし、そうしたシステム再編、覇権国の移行が円滑に進む保証はなく、地球環境、資源エネルギー、食糧等の制約要件も含めて、システム危機は繰り返し発生するかもしれない。

そうした世界システムの1極を占める東アジア経済圏は、いかなる歴史的位相のなかに位置づけられるであろうか。19世紀から21世紀までの時期について中心国の変遷に着目してみると、次のようなおよそ50年単位の時期区分を設定することができる。[55]

第1期──19世紀前半（アヘン戦争以前）
第2期──19世紀後半（アヘン戦争から日清戦争まで）
第3期──20世紀前半（日清戦争からアジア・太平洋戦争まで）
第4期──20世紀後半（戦後冷戦期）
第5期──21世紀前半（ポスト冷戦期、グローバル化の時代）

20世紀の前半と後半を接続して、「東アジア資本主義」の第1段階、第2段階を設定する研究があるが、[56]ここではその前後まで視野を広げ、また地域的にも中国を含めたとらえ方をしている。各時期の中心国の動向をみると、第1期は中国、第2期は中国の後退と日本の台頭が重なる移行期、第3期、第4期は日本、第5期は日本の後退と中国の台頭が重なる移行期であり、やがて中国中心の第6期に至るのであろう。

第4期に東アジアでは雁行形態型の経済発展を経験し、第5期に入り、国境を越えたモノ、資本、人、情報の移動はますます盛んになっている。しかし、そこから欧州型の「東アジア共同体」に至る可能性は小さいとみなければならない。というのは、東アジアはなお国民国家が形成途上にあり、国家主権を制約する「共同体」への志向は希薄であるからである。

今後、東アジアは中国中心の時期を迎えることになるであろう。その可能性を認める一方、現在の中国が多くの困難をかかえていることも指摘しなければならない。第1に、共産党体制の安定性である。情報化の進んだ現代社会において、世界的な民主化の潮流と共産党体制がどのように折り合いをつけてい

けるのか、先がみえない。第2に、それとかかわって国家資本主義システムの非合理性が問題になる。市場経済化が減速し、巨大国有企業中心のシステムが固定化する傾向（「国進民退」）が指摘されており、幹部の不正腐敗は極まりなく、所得不均衡は危険水域にある。第3に、高齢化社会の到来である。生産年齢人口はピークを越える時期にあり、福祉制度が未整備なままに高齢化社会を迎え、社会が不安定化する可能性は否定できない。

　このような問題をかかえる中国を中心にして東アジア経済圏の統合が進展していくとすれば、そこにおける日本の位置と役割はどのようになるのであろうか。日米関係を含めてさらに掘り下げた研究を行っていく必要があろう。

注

序　文

1　斎藤叫編著『世界金融危機の歴史的位相』（日本経済評論社、2010年）第1章。本書は2009年春季総合研究会の成果である。

2　小野塚知二「日本の社会政策の目的合理性と人間観─政策思想史の視点から」（『社会政策』第3巻第1号、2011年6月）。

3　2006年春季より順に、小野塚知二・沼尻晃伸編著『大塚久雄「共同体の基礎理論」を読み直す』（日本経済評論社、2007年）、小野塚知二編著『自由と公共性─介入的自由主義とその思想的起点』（日本経済評論社、2009年）、斎藤叫編著『世界金融危機の歴史的位相』（日本経済評論社、2010年）、および、井上貴子編著『森林破壊の歴史』（明石書店、2011年）の4冊である。

第1章

1　2009度春季総合研究会の報告および討論については、斎藤叫編著『世界金融危機の歴史的位相』（日本経済評論社、2010年）を参照。以下、特に断りのないかぎり2009年春季総合研究会については本書を参照・引用する。

2　Carmen Reinhart and Kenneth Rogoff, *This Time is Different: Eight Centuries of Financial Folly*, Princeton University Press, 2009（カーメン・ラインハート、ケネス・ロゴフ著、村井章子訳『国家は破綻する─金融危機の800年』〔日経BP社、2011年〕）．本書の標題となっているThis Time is Differentとは、今次金融危機の特殊性をさしているのではなく、危機に先立つ景気高揚期に現われる「今回はちがう」という熱狂を揶揄した造語である。この議論は、根拠なきバブルをいさめるかのような構えをとりながら、危機は繰り返すもの、「人間の性質は変わらない」という陳腐なメッセージに終始している。

3　Jacque Attali, *La Crise et après?*, Fayard, 2008（ジャック・アタリ、林昌宏訳『金融危機後の世界』〔作品社、2009年〕）．本書は「市場民主主義」下で情報を独占する「インサイダー」を危機の悪役に仕立てあげた上で破天荒な規制強化を提言して

いる。サブプライム危機を予見したと称する本書ではあるが、ユーロの危機には言及がない。

4　Chrisopher Kobrak and Mira Wilkins, "The '2008 Crisis' in an economic history perspective: Looking at the twentieth century", in *Business History,* Vol.53, No.2, April 2011.

5　Piet Clement, "The term "macroprudential": origins and evolution", *BIS Quarterly Review,* March 2010.

6　邉英治「わが国における銀行規制体系の形成と確立―1920 年代を中心に」(『歴史と経済』182 号、2004 年 1 月) ほか。

7　Rawi Abdelal, *Capital Rules, The Construction of Global Finance,* Harvard Univer-sity Press, 2007.

8　Jeffrey Chwieroth, *Capital Ideas, The IMF and the Rise of Financial Liberalization,* Princeton University Press, 2010.

9　James Boughton, *Silent Revolution, the International Monetary Fund, 1979-1979,* IMF, 2001.

10　権上康男「ヨーロッパ通貨協力制度『スネイク』の誕生 (1968 － 73 年) ―戦後国際通貨体制の危機とフランスの選択」(『エコノミア』第 56 巻 1 号、2005 年 5 月)、同「スミソニアン体制崩壊後の欧州通貨協力 (1973 － 76 年) ―「スネイク」改革問題とフランス」(『横浜商大論集』第 41 巻第 2 号、2008 年 2 月)、同「ローマ条約の二元性とマクロ経済政策の協調 (1958 － 65 年)」(『横浜商大論集』第 42 巻第 1 号、2008 年 9 月)、同「EMS の発足と共通ドル政策 (1979 － 81 年) ―変動相場制下の大国と小国、それぞれの利害と論理」(『横浜商大論集』第 45 巻第 1 号、2011 年 9 月)、同「未完に終わった単一通貨への道 (1979 － 81 年) ―EMS の第二段階と欧州通貨基金」(『横浜商大論集』第 45 巻第 2 号、2012 年 3 月)。なお、権上康男「欧州通貨統合史の神話と実相―スネイクから EMS へ」(成城大学経済研究所『経済研究所年報』第 25 号、2012 年 4 月) によって当該領域における権上康男氏の研究の全体像を得ることができる。

11　この論点については最新の論集に掲載された Nicolas Véron, "Financial Reform after the Crisis", in Barry Eichengreen and Bokyeong Park, eds., *The World Economy after the Global Crisis: a New Economic Order for the 21st Century,* Korea Institute for International Economic Policy/World Scientific Publishing, 2012 およびいわゆる「BIS view」の論客ボリオ (Claudio Borio) を中心に編纂さ

注

れた論集 Claudio Borio, Gianni Toniolo and Piet Clement, eds., *Past and Future of Central Bank Cooperation,* Cambridge University Press, 2008 を参照。

12 「マクロ・プルーデンス」をめぐる動向については、さしあたり矢後和彦「世界経済の編成原理はどう変わってきたか―国際金融機関の論争史」(伊藤正直・藤井史朗編著『グローバル化・金融危機・地域再生』〔シリーズ「21 世紀への挑戦」第 2 巻、日本経済評論社、2011 年、所収〕)を参照。

13 Charles Goodhart, *The Basel Committee on Banking Supervision, A History of the Early Years, 1974-1997,* Cambridge University Press, 2011, p.579.

14 金子勝『市場と制度の政治経済学』(東京大学出版会、1997 年)。現在の視点からみると金子氏の議論には、たとえば変動相場制の評価などでやや現実の推移と異なる側面もみられるが、全体として現在の「規制」「自由」の二分法を乗り越える重要な視点が提起されていると思われる。

15 2011 年 5 月に「ケインズ学会」が創設され、早くもその論集が上梓されている。ケインズ学会編『危機の中で<ケインズ>から学ぶ』(作品社、2011 年)。この論集では個々には鋭い論点も提起されているが(とりわけ橋本努「ケインズと新自由主義」同書第 4 部所収)、全体として当面の危機に際してやや古典的なケインズ像を称揚する構えが前面に出ており、課題もあるように思われる。

16 岩田健治「世界金融危機と EU 金融システム」(日本 EU 学会年報第 30 号『ユーロ 10 年と金融危機』2010 年、所収)。

17 European Commission, *Report of the High-Level Group on Financial Supervision in the EU (Chaired by Jacques de Larosière),* 2009.

18 Miroslav Belavy, David Cobham, L'udvit Odor, eds., *The Euro Area and the Financial Crisis,* Cambridge University Press, 2011.

19 田中素香「世界経済・金融危機と EU」(田中素香編著『世界経済・金融危機とヨーロッパ』〔勁草書房、2010 年〕)12-14 頁。

20 田中素香『拡大するユーロ経済圏』(日本経済新聞出版社、2007 年)166-169 頁。

21 田中素香「ソブリン・金融危機とユーロ制度の変容」(『フィナンシャル・レビュー』2012 年第 3 号〔通巻第 110 号〕、2012 年 3 月)31-35 頁。

22 伊藤さゆり「世界金融危機・同時不況下の EU の雇用調整の行方」(日本 EU 学会前掲書、所収)。

23 星野郁「ヨーロッパにおける労働市場改革の展開と課題」(田中素香編著前掲『世界経済・金融危機とヨーロッパ』所収)。

24 IMF は 2012 年 11 月 8-9 日に開催する第 13 回年次研究コンファレンス（13 th Jacques Polak Annual Research Conference）で「大不況からみた労働市場」（Labor Markets through the Lens of the Great Recession）を共通論題に掲げている。

25 Barry Eichengreen, *Global Imbalances and the Lessons of Bretton Woods,* MIT Press, 2010（バリー・アイケングリーン著、畑瀬真理子・松林洋一訳『グローバル・インバランス―歴史からの教訓』〔東洋経済新報社、2010 年〕）. アイケングリーンに対抗して「新ブレトンウッズ体制」（Bretton Woods II）論を繰り広げている論敵の直近の論文としては、Michael P. Dooley, David Folkerts-Landau, Peter Garber, "Bretton Woods II still defines the International Monetary System", *NBER Working Paper,* No.14731, February 2009 を参照。

26 「システミック・リスク」概念についてはニューヨーク連銀と米国科学アカデミーの共催による歴史研究が現われている（この点は須藤功氏のご教示による）。Cf. "New Directions for Understanding Systemic Risk", *Federal Reserve Bank of New York, Economic Policy Review,* Vol.13, No.2, November 2007.

27 レギュラシオン理論では、ここでいう「システム危機」に類似する概念として「調整様式の危機」さらにはそれを上回る「大危機」ないし「構造的危機」が想定されている。ところがここで「大危機」「構造的危機」と訳されている危機は原語ではそれぞれ les grandes crises, crises structurelles という複数形、すなわち何度もめぐってくる危機である。レギュラシオン理論もまたネオ・ブローデリアンの系譜に属する。Robert Boyer, La théorie de la régulation: une analyse critique, La Découverte, 1986（ロベール・ボワイエ著、山田鋭夫訳『レギュラシオン理論―危機に挑む経済学』〔新評論、1989 年〕）.

28 伊藤正直『なぜ金融危機はくり返すのか―国際比較と歴史比較からの検討』（旬報社、2010 年）、増田正人「グローバル経済の現状をどう考えるのか」（『経済』205 号、2012 年 10 月、所収）等を参照。

29 山之内靖『現代社会の歴史的位相』（日本評論社、1982 年）、同『システム社会の現代的位相』（岩波書店、1996 年）ほか。

30 山之内靖「土地制度史学会の方法的遺産はいかに継承されるべきか」（総括討論・コメント 4）（土地制度史学会編『資本と土地所有』〔農林統計協会、1979 年〕）所収。

第 2 章

1 とりあえず、石山幸彦『ヨーロッパ統合とフランス鉄鋼業』（日本経済評論社、

注

2009年）72-76頁などを参照。
2 W. Diebold, *The Schuman Plan A Study in Economic Cooperation 1950-1959,* Praeger, 1959.
3 D. Spierenburg et R. Poidevin, *Histoire de la Haute Autorité de la Communauté enropéenne du charbon et de l'acier,* Bruylant Bruxelles, 1993.
4 これら以外にも、ヨーロッパ経済共同体について分析した L. Warlouzet, *Le choix de la CEE par la France L'Europe économique en débat de Mandès France à de Gaulle (1955-1969),* Comité pour l'histoire économique et financière de la France, 2011 では、EEC は 1960 年代後半から産業政策を検討し始めたことが指摘されている。だが、分析は 1960 年代で終っており、危機対応については詳しく触れられていない。
5 この点について小島健氏は、石炭産業を再建できなかったことから、共同体の役割をより否定的にとらえている。A. Milward, *The European Rescue of the Nation-State,* Routledge, 2000, pp.83-118. 小島健『欧州建設とベルギー統合の社会経済史的研究』（日本経済評論社、2007 年）221-255 頁。
6 石炭産業については、X. Daumalin, S. Daviet et P. Mioche (dir.), *Territoires européens du charbon des origines aux reconversions,* Publications de l'Université de Province, 2006; J-F. Eck, P. Friedemann et K. Lauschke (dir.), *La reconversion des bassins charbonniers. Une comparaison interrégionale entre la Ruhr et le Nord Pas-de-Calais, Revue du Nord,* hors-série, Collection histoire, n.21, 2006. 鉄鋼業については、H. d'Ainval, *Deux siècles de sidérurgie française De 1003 entreprises à la dernière,* Presses universitaires de Grenoble, 1994；J. Baumier, *La fin des maîtres de forge,* Plon, 1981, etc.
7 P. Mioche, *Le Plan Monnet, genèse et élaboration 1941-1947,* Publication de la Sorbonne, 1987; H. Rousso (dir.), *De Monnet à Massé Enjeux politiques et objectifs économiques dans le cadre des quatre premiers Plans (1946-1965),* Editions du Centre national de la recherche scientifique, 1986.
8 D. Varaschin, Pas de veine pour le charbon français (1944-1946), in A. Beltran, C. Bouneau, Y. Bouvier, D. Varaschin, J.-P. Williot (dir.), *Etat et énergie XIXe-XXe siècle,* Comité pour histoire économique et financière de la France, 2009, pp.130-131.
9 Archives de la Fondation Jean Monnet 2/3/1, Commissariat général du plan

de modernisation et d'équipement, Premier rapport au Conseil du plan, le 16 mars 1946, pp.8-9.

10 G. Bossuat, *La France, l'aide américaine et la construction européenne 1944-1954,* Comité pour l'histoire économique et financière de la France, 1992, pp.767-771 ; M. Margairaz, *L'Etat, les finances et l'économie, histoire d'une conversion 1932-1952,* Comité pour l'histoire économique et financière de la France, 1991, p.1224.

11 石山前掲書、74-75 頁。

12 D. Spierenburg et R. Poidevin, *op. cit.,* pp.102-108.

13 *Ibid.,* pp.345-346; R. Perron, *Le marché du charbon, un enjeu entre l'Europe et les Etats-Unis de 1945 à 1958,* Publication de la Sorbonne, 1996, pp151-213.

14 D. Spierenburg et R. Poidevin, *op. cit.,* pp.111-131. 石山前掲書。石山幸彦「ヨーロッパ石炭鉄鋼共同体における新自由主義（1953～62 年）—リュエフの経済思想と石炭共同市場」（権上康男編『新自由主義と戦後資本主義　欧米における歴史的経験』〔日本経済評論社、2006 年〕）、346-358 頁。

15 石山前掲書。

16 Rapport de la délégation française sur le traité et la convention signés à Paris le 18 avril 1951, p.260 et 313-348.

17 Ibid., pp.341-342.

18 R. Leboutte, L'action des Communautés européennes dans la politique de réadaptaion des travailleurs et la reconversion industrielle, 1950-2002. Aux origines de l'Europe sociale, J-F. Eck, P. Friedemann, K. Lauschke, *La reconversion des bassins charbonniers. Une comparaison interrégionale entre la Ruhr et le Nord Pas-de-Calais, Revue du Nord,* Hors série, Collection Histoire, n.21. 2006, p.338.

19 P. Mioche et J. Roux, *Henri Malcor Un héritier des maîtres de forges,* Editions du Centre national de la recherche scientifique, 1988, pp.29-30.

20 W. Diebold, *op. cit.,* pp.412-415.

21 なかでも、パリ条約締結交渉時に共同市場での競争上の不利が予想されたベルギーの石炭産業については協約の 26 節で、イタリアの石炭作業は 27 節、同国の鉄鋼業に関しては 30 節で、救済策を規定されていた。D. Spierenburg et R. Poidevin, *op. cit.,* pp.438-445; W. Diebold, *op. cit.,* pp.200-222. ベルギーの石炭作

注

業への救済について、詳しくは小島健前掲書、233-252 頁、Alan S. Milward, *op. cit.*, pp.46-118.

22　R. Leboutte, *op. cit.*, pp.344-345.

23　Rapport de la délégation française sur le traité et la convention signés à Paris le 18 avril 1951, pp.232-233.

24　D. Spierenburg et R. Poidevin, *op. cit.*, pp.529-556.

25　*Ibid.*, p.551.

26　*Ibid.*, pp.651-661.

27　Communauté européenne du charbon et de l'acier, Haute autorité, *Huitième rapport général sur les activités de la Communauté*, Luxembourg, 1960, pp.128-157.

28　Rapport de la délégation française sur le traité et la convention signés à Paris le 18 avril 1951, p.231.

29　改正されたこの規定は、その後 2002 年 7 月 23 日のパリ条約有効期限まで維持された。R. Leboutte, *op. cit.*, pp.340-341.

30　*Ibid.*, pp.347-348.

31　*Ibid.*, pp.349-350.

32　ただし、ヨーロッパ経済共同体（EEC）は 1962 年から共通農業政策（Common Agricultural Policy, CAP）を実施している。これは戦後の食糧不足を克服した西ヨーロッパ諸国で、1950 年代の後半に農産物の過剰生産が顕在化したことへの対応として、同共同体加盟諸国の農業保護に着手したものである。この農業保護政策については、加盟国政府は共同体に主権を委ねたのである。とりあえず、A. C. L. Knudsen, *Farmers on Welfare The Making of Europe's Common Agricultural Policy*, Cornell University Press, 2009.

33　J. Baumier, *op. cit.*, pp.116-133.

34　ヨーロッパ石炭鉄鋼共同体の政策決定、執行機関である最高機関と、ヨーロッパ経済共同体、ヨーロッパ原子力共同体（EURATOM）の政策執行機関であるそれぞれの委員会とは、1967 年に 1 つの委員会にまとめられ、これら 3 共同体の閣僚理事会も統合されている。その結果、これら 3 共同体は実質的には一体化し、ヨーロッパ共同体（EC）と総称された。

35　ユーロフェルについては、T. Grunert, Decision-Maiking Processes in the Steel Crisis Policy of the EEC: Neocorporatist or Integrationist Tendencies ?,

in Y. Mény and V. Wright (ed), *The politics of Steel : Western Europe and Steel Industry in the Crisis Years (1974-1984)*, Walter de Gruyter, 1987, pp.264-271.
36　H. d'Ainval, *op. cit.,* pp.146-148.
37　L. Tsoukalis and R. Strauss, Community Policies on Steel 1974-1982: A Case of Collective Management, in Y. Mény and V. Wright (ed), *op. cit.,* p.201.
38　H. d'Ainval, *op. cit.,* pp.148-149.
39　L. Tsoukalis and R. Strauss, *op. cit.,* p.204.
40　H. d'Ainval, *op. cit.,* pp.149-150.
41　*Ibid.,* p.154.
42　*Ibid.,* pp.168-181 et pp.256-263; E. Godelier, *Usinor-Arcelor du local au global...,* Lavoisier, 2006, pp.376-386.
43　戦後国有化していた石炭生産については、フランス政府は1960年代から生産量を削減し、2004年4月8日のロレーヌ地方のラ・ウーヴ（La Houve）炭鉱の生産停止をもって、フランスにおける石炭採掘をすべて終了させた。フランス石炭公社も2007年12月31日に解散させている。

第3章

1　本稿での分析は、基本的に2012年6月までの情報に基づいている。
2　細谷雄一編『イギリスとヨーロッパ―孤立と統合の二百年』（勁草書房、2009年）。
3　B. Eichengreen, *Globalizing Capital: A History of the International Monetary System,* 2nd ed., 2008, p.153.
4　橋口豊「米欧間でのゆらぎ　1970－79年」（細谷編前掲書）193-194頁。
5　田中素香『ユーロ―危機の中の統一通貨』（岩波新書、2010年）48頁。
6　遠藤乾「サッチャーとドロール　1979－90年」（細谷編前掲書）265-266頁。
7　田中前掲書、69-70頁。
8　力久昌幸「メージャーとマーストリヒト条約　1990－97年」（細谷編前掲書）280-288頁。
9　力久昌幸『ユーロとイギリス―欧州通貨統合をめぐる二大政党の政治制度戦略』（木鐸社、2003年）149-156頁。
10　ニーアル・ファーガソン「ユーロの夢が終わる日」『ニューズウィーク（日本語版）』2010年5月19日、19頁。
11　力久前掲『ユーロとイギリス』162頁。

注

12　坂田豊光『欧州通貨統合のゆくえ―ユーロは生き残れるか』(中公新書、2005 年) 169 頁。
13　力久前掲『ユーロとイギリス』15-20 頁。
14　鈴木一人「ブレアとヨーロッパ 1997 － 2007 年―『お節介なネオコン性』」(細谷編前掲書) 321-322 頁。
15　トニー・ブレア (石塚雅彦訳)『ブレア回顧録　下』(日本経済新聞出版社、2011 年) 269-270 頁。
16　力久前掲『ユーロとイギリス』155 頁。
17　白井さゆり『欧州激震―経済危機はどこまで拡がるのか』(日本経済新聞出版社、2010 年) 105-106 頁。
18　力久前掲「メージャーとマーストリヒト条約」289 頁。
19　田中素香『ユーロ―その衝撃とゆくえ』(岩波新書、2002 年) 175-176 頁。
20　白井前掲書、5 頁。
21　田中前掲『ユーロ―その衝撃とゆくえ』176 頁。坂田前掲書、175 頁。
22　藤井良広「EU 拡大と欧州中央銀行の新展開」(田中素香・春井久志・藤田誠一編『欧州中銀行の金融政策とユーロ』有斐閣、2004 年、130 頁)。
23　白井前掲書、72 頁。
24　ETFA Website (http://www.efta.int/abont-efta/history.aspx)．
25　白井さゆり『ユーロ・リスク』(日経プレミアシリーズ、2011 年) 44-46 頁。
26　白井前掲『欧州激震』106 頁。
27　白井前掲『ユーロ・リスク』59-62 頁。
28　同上、183-196 頁。
29　奥田宏司『現代国際通貨体制』(日本経済評論社、2012 年) 146 頁。
30　田中前掲『ユーロ―危機の中の統一通貨』152-153 頁。
31　*The Economist*, January 14, 2012, p.49.
32　『日本経済新聞』2011 年 12 月 10 日。
33　『日本経済新聞』2011 年 12 月 9 日。
34　『日本経済新聞』2011 年 12 月 10 日。
35　『日本経済新聞』2011 年 12 月 11 日。
36　『日本経済新聞』2011 年 11 月 1 日。
37　『日本経済新聞』2012 年 1 月 27 日。
38　『日本経済新聞』2011 年 12 月 10 日。

39 『日本経済新聞』2011 年 12 月 19 日。
40 M. P. Dooley, D. Folkerts-Landau and P. Garber, "An Essay on the Revised Bretton Woods System", *NBER Working Paper,* 9971, September 2003. 菅原歩「対外金融政策―資本流入の持続可能性」（河音琢郎・藤木剛康編『G・W・ブッシュ政権の経済政策』〔ミネルヴァ書房、2008 年〕）。バリー・アイケングリーン（畑瀬真理子・松林洋一訳）『グローバル・インバランス―歴史からの教訓』（東洋経済新報社、2010 年）。菅原歩「対外経済関係―世界金融危機はどのように広まったのか」（藤木剛康編『アメリカ政治経済論』〔ミネルヴァ書房、2012 年〕）。
41 水野和夫『人々はなぜグローバル経済の本質を見誤るのか』（日本経済新聞出版社、2007 年）54 頁。
42 安達誠司『円の足枷―日本経済「完全復活」への道筋』（東洋経済新報社、2007 年）187-188 頁。
43 ブレンダン・ブラウン（田中勝省訳）『ドルはどこへ行くのか―国際資本移動のメカニズムと展望』（春秋社、2007 年）36 頁。
44 田中前掲『ユーロ―危機の中の統一通貨』145 頁。
45 奥田前掲書、136-140 頁。BIS, *Triennial Central Bank Survey: Foreign Exchange and Derivatives Market Activity in April 2010,* Preliminary Result, September 2010, p.11.
46 田中前掲『ユーロ―危機の中の統一通貨』101-106 頁。奥田前掲書、186-196 頁。
47 B. Eichengreen and J. Sachs, "Exchange Rates and Economic Recovery in the 1930s", *Journal of Economic History,* Vol.45, No.4, 1985; B. Eichengreen, *Golden Fetters: The Gold Standard and the Great Depression,* 1919-1939, 1992.
48 田中前掲『ユーロ―危機の中の統一通貨』74 頁。ただし、この制度に対しては、ギリシャ危機以前の 2002 年のドイツ、フランスの財政赤字 3% 超え以来実効性に疑問が投げかけられ続けていた。坂田前掲書、130-132 頁。
49 『日本経済新聞』2008 年 11 月 25 日。
50 菅原前掲「対外金融政策」32 頁。
51 白井さゆり『欧州迷走―揺れる EU 経済と日本・アジアへの影響』（日本経済新聞出版社、2009 年）131-132 頁、白井前掲『欧州激震』139 頁。
52 白井前掲『欧州激震』132-134 頁。
53 M. Joyce, M. Tong and R. Woods, "The United Kingdom's Quantitative Easing Policy: Design, Operation and Impact", *Bank of England Quarterly Bulletin,*

注

Vol.51, No.3, 2011 Q3.『日本経済新聞』2012年2月10日。

54　ウィリアム・アンダーヒル「イギリス経済が死ななかった理由」(『ニューズウィーク（日本語版）』2010年10月6日）35頁。

55　同上。

56　マイケル・ゴールドファーブ「英経済の傷を広げた痛みの伴う緊縮財政」『ニューズウィーク（日本語版）』インターネット版、2011年12月1日。

57　『日本経済新聞』2010年6月23日。

58　『日本経済新聞（夕刊）』2012年2月14日。

59　V. Bell, and C. Young, "Understanding the Weakness of Bank Lending", *Bank of England Quarterly Bulletin,* Vol.50, No.4, 2010 Q4; J. Bridges, N. Rossiter and R. Thomas, "Understanding the Recent Weakness in Broad Money Growth", *Bank of England Quarterly Bulletin,* Vol.51, No.1, 2011 Q1.

60　鈴木晋「アメリカよりヨーロッパのほうが深刻か？」（小峰隆夫編著『データで斬る世界大不況―エコノミストが挑む30問』〔日経BP社、2009年〕）60-61頁。

61　S. Aiyar, "How did the Crisis in International Funding Markets affect Bank Lending? Balance Sheet Evidence from the United Kingdom", *Bank of England Working Paper,* No.424, 2011, pp.11-13, 22-24.

62　『日本経済新聞』2011年11月26日。

63　日本経済新聞社編『イギリス経済再生の真実―なにが15年景気を生み出したのか』（日本経済新聞出版社、2007年）17頁。

64　同上、20頁。

65　Aiyar, "Bank Lending" の分析結果はこのように解釈できる。イギリスの好景気には、国内経済の要因としては住宅バブルの影響もあった。鈴木前掲論文、60-61頁。ただし、Aiyarが示した外国銀行支店・子会社によるイギリス国内貸付の変動と、イギリスの住宅バブルの形成・崩壊の連関も推測され、その点の実証的検討も今後の課題である。

第4章

1　たとえば、Maurice Obstfeld and Kenneth Rogoff, "The Unsustainable U.S. Current Account Position Revisited", in Richard H. Clarida, ed., *G7 Current Account Imbalances: Sustainability and Adjustment*: University of Chicago Press, 2007 を参照せよ。

2　論者により、ドルの国際的地位についての展望が異なる中、各論者が依拠する理論モデルも異なっている。必ずしも明確に分かれるものではないが、国際通貨の地位の決定要因は、①市場要因（market-based）、②制度要因（instrumental）、③地政学的要因（geopolitical）に大別される。そして、この①〜③それぞれにおいて、ドルの将来的な国際的役割の見通しについて、(a) 維持、(b) 不確実、(c) 衰退の3つの見通しがある。Eric Helleiner and Jonathan Kirshner eds., *The Future of the Dollar,* Cornell University Press, 2009, p.221.

3　2008年11月14、15日に開催されたG20ワシントン首脳会合の声明では、「危機」の根本原因について次のようにいっている。「市場参加者はリスクを適正に評価せず、より高い利回りを求め、適切なデュー・ディリジェンスの実施を怠っていた。同時に、脆弱な引き受け基準、不健全なリスク管理慣行、ますます複雑で不透明な金融商品及びその結果として起こる過度のレバレッジが組み合わさって、システムの脆弱性を創出した。いくつかの先進国において政策立案者、規制当局及び監督当局は、金融市場において積み上がっていくリスクを適切に評価、対処せず、また金融の技術革新の速度について行けず、あるいは国内の規制措置がシステムにもたらす結果について考慮しなかった」。

　このような金融規制・監督の失敗とともに、グローバル・インバランスにも言及した。「世界的マクロ経済上の持続不可能な結果を導いた。こうした状況が、過剰を助長し、究極的には深刻な市場の混乱をもたらした」と指摘している。このグローバル・インバランスの是正については、2009年4月24〜25日に開催されたG20ピッツバーグ首脳会合で、「強固で持続可能かつ均衡ある成長」のための枠組みをつくる国際協調政策が合意された。

4　本節の議論は拙稿に基づいている。大橋陽「ブッシュおよびクリントン政権期における対外経済政策レジームとその変遷」（『金城学院大学論集』社会科学編、第2巻第1号、2005年）20-42頁。大橋陽「第1期ブッシュ政権における経済諮問委員会の対外経済政策思想」（『金城学院大学論集』社会科学編、第4巻第2号、2008年）1-25頁。大橋陽「グローバル・インバランス、世界金融危機と『大統領経済報告』」（『金城学院大学論集』社会科学編、第8巻第1号、2011年）20-49頁。

5　クリントン政権の8年間には、タイソン（在任期間1993年2月5日〜95年4月22日）、スティグリッツ（Joseph E. Stiglitz、在任期間1995年6月28日〜97年2月10日）、イェレン（Janet L. Yellen、在任期間1997年2月18日〜99年8月3日）、ベイリー（Martin N. Baily、在任期間1999年8月12日〜2001年1

注

月12日）の4人がCEA委員長を務めた。政権発足時には、タイソン委員長のもと、スティグリッツ、ブラインダー（Alan S. Blinder）という当代一流の経済学者が委員となった。CEA (Council of Economic Advisers), Former Members of the Council. Retrieved on June 2, 2012, from www.whitehouse.gov/administration/eop/cea/about/Former-Members

6　CEA, *Economic Report of the President,* Washington D.C.: USGPO, 1994, p.216.

7　CEA, *Economic Report,* 1995, p.36.

8　CEA, *Economic Report,* 1996, p.251.

9　CEA, *Economic Report,* 1999, p.260.

10　萩原伸次郎『ワシントン発の経済「改革」―新自由主義と日本の行方』（新日本出版社、2006年）27頁。

11　ブッシュ政権期には、5人の経済学者がCEA委員長を務めた。ハバード（R. Glenn Hubbard、在任期間2001年5月11日〜03年2月28日）、マンキュー（Nicholas Gregory Mankiw、在任期間2003年5月29日〜05年2月18日）、ローゼン（Harvey S. Rosen、在任期間2005年2月23日〜05年6月10日）、バーナンキ（Ben S. Bernanke、在任期間2005年6月21日〜06年1月31日）、ラジアー（Edward P. Lazear、在任期間2006年2月27日〜09年1月20日）である。バーナンキは、2006年版『白書』を執筆したが、連邦準備制度理事会議長に就任するため、提出時には職を辞していた。

12　CEA, *Economic Report,* 2004, p.262.

13　本論で展開する余裕はないが、2001年以降の拡張的金融政策について、テイラー（John B. Taylor）は、テイラー・ルールを著しく逸脱するもので、しかもあまりにも長期間継続しすぎたと批判した。

14　CEA, *Economic Report,* 2004, pp.263-264.

15　Bernanke, Ben S. "The Global Saving Glut and the U.S. Current Account Deficit." Remarks by Governor Ben Bernanke at the Sandridge Lecture, Virginia Association of Economics, Richmond, Virginia, March 10, 2005.（www.federalreserve.gov/boarddocs/speeches/2005/200503102/）

16　CEA, *Economic Report,* 2009, p.61.

17　CEA, *Economic Report,* 2008, p.77.

18　CEA, *Economic Report,* 2009, p.3.

19 CEA, *Economic Report*, 2011, pp.175-178. ここでは、クルーガー自身の業績である「グレート・ギャッツビー・カーブ」(Great Gatsby Curve) を持ち出している。これは各国について、横軸に1985年のジニ係数をとり、縦軸に世帯間の社会的流動性示す世帯間所得弾力性 (intergenerational elasticity) をとったものである。それによると、ある時点における所得格差が大きければ大きいほど、親の所得が子の所得を決めてしまう格差の固定化が見られるという。したがって、初等教育から高等教育、さらには職業訓練などへ投資する政策が提唱されている。

20 1979〜2007年における実質中位所得の上昇は、第1五分位18%、第2五分位28%、第3五分位35%、第4五分位43%、第81〜99百分位65%であり、最上位1%は278%であった。同じ期間に、最上位1%の所得シェアは、10.0%から23.5%へと13.5%ポイントも上昇した。CBO (Congressional Budget Office), "Trends in the Distribution of Household Income between 1979 and 2007", October, 2011.

21 Raghuram G. Rajan, *Fault Lines: How Hidden Fractures Still Threaten the World Economy*: Princeton University Press, 2010（伏見威蕃・月沢李歌子訳『フォールト・ラインズ―「大断層」が金融危機を再び招く』〔新潮社〕）.

また、増田正人氏は、アメリカが債務に依存した経済成長という不安定さを持ち、世界最大の債務国で経常収支赤字国であること、その通貨ドルを基軸とした国際通貨制度の問題について論じた。増田正人「米国の『双子の赤字』とドル安問題」（田中素香・馬田啓一編著『国際経済関係論―対外経済政策の方向性を探る』〔文眞堂、2007年〕）。

22 所得分配と金融政策の関連については、アメリカの政治経済学、ラディカル派の「ネオリベラル体制」(Neoliberal Regime) の議論をベースにして検討した蒲生慶一氏の一連の論文は参照に値する。たとえば、蒲生慶一「2000年代における米国景気拡大について」（『東京外国語大学論集』第78号、2009年）15-39頁を参照のこと。

23 CEA, *Economic Report*, 2012, p.50.

24 アメリカ復興・再投資法は、2009年2月17日に難産の末に成立したもので、総額8250億ドル、そのうち、個人および企業向け減税2750億ドル、公共事業5500億ドルであった。そして8つの柱として次のものがあげられている。①クリーンで効率的なエネルギー開発（430億ドル）、②科学・技術による経済の転換、③道路、橋梁、輸送機関、水路（②と合わせて1100億ドル）、④21世紀に向けた

教育（510億ドル）、⑤報酬を増やし、仕事を創出するための減税（2880億ドル）、⑥医療コストの引き下げ（590億ドル）、⑦経済によって打撃を受けた労働者の支援（810億ドル）、⑧公的部門の仕事と不可欠なサービスの保全（1440億ドル）であった。

25　現在までのところ、オバマ政権では、クリスティーナ・ローマー（Christina D. Romer、在任期間 2009年1月29日～10年9月3日）、グールズビー（Austan Goolsbee、在任期間 2010年9月10日～11年8月5日）、クルーガー（在任期間 2011年11月7日～）の3人が、CEA委員長となっている。

26　CEA, *Economic Report,* 2010, p.113.

27　Ibid., p.109.

28　2012年春にジョージワシントン大学で行われた連続講演で、バーナンキは金融危機に際し、中央銀行には2つのツールがあると述べた。

　1つは、最後の貸し手としての権限であり、中央銀行は、金融パニックを鎮静化する手助けをするため、金融機関もしくは金融市場に流動性（短期ローン）を供給するものである。

　もう1つは金融政策である。平時においては、マクロ経済安定のため、支出、生産、雇用、インフレに影響を及ぼすため、短期金利の水準を調整する。今回の「危機」に際しては、FF金利誘導目標を2007年9月の5¼%から2008年12月の0%に引き下げ、それ以降維持している。FF金利がゼロ近傍のとき、伝統的金融政策の余地は尽きている。

　それでも経済は依然として弱く、賃金・物価が低落するデフレ・リスクがあった。そこで、長期金利に直接影響を及ぼすため、財務省証券および政府後援企業（GSE）モーゲージ関連証券を購入することを、2009年3月と10年11月に表明した。その結果、FRBのバランスシートは、約1兆ドルから3兆ドル弱へと大幅かつ急速に拡大した。

　Bernanke, Ben S. 2012. "The Federal Reserve and the Financial Crisis: Chairman Bernanke's College Lecture Series." Remarks by Chairman Ben Bernanke at the George Washington University School of Business, Washington D.C., March 20, 22, 27, 29, 2012.（www.federalreserve.gov/newsevents/lectures/about.htm）

29　Michael Dooley, David Folkerts-Landau, and Peter Garber, "An Essay on the Revive Bretton Woods System", *NBER Working Paper,* No.9971, National

Bureau of Economic Research, Inc., September 2003.
30 Michael Dooley, David Folkerts-Landau, and Peter Garber, "Bretton Woods II Still Defines the International Monetary System", *Pacific Economic Review*, Wiley Blackwell, Vol.14, No.3, August, 2009, pp.297-311.
31 Pierre-Olivier Gourinchas and Hélène Rey, "From World Banker to World Venture Capitalist: US External Adjustment and the Exorbitant Privilege", *NBER Working Paper*, No.11563, National Bureau of Economic Research, Inc, August, 2005.

　邦語文献では次のものなどがある。岩本武和「金融危機とグローバル・インバランス米国の高レバレッジ型対外ポジションの脆弱性を中心にして」(『JBIC 国際調査室報』第3号、2009年3月) 17-29頁。竹中正治『米国の対外不均衡の真実』(晃陽書房、2012年)。
32 CEA, *Economic Report*, 2011, p.93.
33 対外投資ポジションの「その他の変化」については、竹中前掲書を参照のこと。

第5章

1 国際金融史的視点から世界各地域別に動向分析を行った成果として、上川孝夫編『国際通貨体制と世界金融危機』(日本経済評論社、2011年) 参照。
2 アジア太平洋経済圏と東アジア経済圏の関係変化については、小島清「アジア太平洋地域経済圏の生成」(本山美彦編『グローバリズムの衝撃』〔東洋経済新報社、2001年〕)、平川均「東アジアの発展と揺れる日本の対外発展政策」(『アジア研究』57巻3号、2011年7月) 等参照。
3 A. G. フランク (山下範久訳)『リオリエント』(藤原書店、2000年)、ジョヴァンニ・アリギ (中山智香子他訳)『北京のアダム・スミス』(作品社、2011年) などの大きな議論を緻密化する必要があろう。その点で、水島司・田巻松雄編『21世紀への挑戦3 日本・アジア・グローバリゼーション』(日本経済評論社、2011年) には示唆に富む論稿が含まれている。
4 『日本経済新聞』2012年10月18日。
5 カーメン・M・ラインハート、ケネス・S・ロゴフ (村井章子訳)『国家は破綻する』(日経BP社、2011年) 333頁。
6 アジア通貨危機以降の各国の政策対応については、国宗浩三編『国際資金移動と東アジア新興国の経済構造変化』(アジア経済研究所、2010年) 参照。

注

7　高安雄一「韓国における資本移動と経済構造の変化」(国宗編前掲『国際資金移動と東アジア新興国の経済構造変化』)、内閣府『世界経済の潮流』2008年Ⅱ、2009年Ⅰ、参照。

8　JETRO「世界貿易マトリクス」(http://www.jetro.go.jp/world/statistics/)。

9　同前。

10　同前。

11　『通商白書』2010年版、15-17頁、伊藤隆敏「世界金融危機のアジアへの影響と政策対応」(植田和男編『世界金融・経済危機の全貌』〔慶應義塾大学出版会、2010年〕) 248-49頁。

12　李暁「東アジア通貨金融協力はなぜ挫折したか」(『国際金融』1226号、2011年7月)。

13　JETRO「世界貿易マトリクス」。

14　日本を中心として台湾、朝鮮、満洲へと拡大する経済圏について、堀和生氏はこれを「東アジア資本主義」と規定し、貿易構造の綿密な分析を行っており示唆に富む(堀和生『東アジア資本主義史論Ⅰ』〔ミネルヴァ書房、2009年〕)。

15　金子文夫「資本輸出の展開―対アジア進出を中心に」(原朗編『高度成長始動期の日本経済』〔日本経済評論社、2010年〕)、金子文夫「対アジア政策の積極化と資本輸出」(原朗編『高度成長展開期の日本経済』〔日本経済評論社、2012年〕)参照。

16　APEC成立に至る経緯と日本の関与については、大庭三枝『アジア太平洋地域形成への道程』(ミネルヴァ書房、2004年)、佐藤晋「日本の地域構想とアジア外交」(和田春樹他編『岩波講座　東アジア近現代通史』9〔岩波書店、2011年〕) 参照。

17　この分野では多数の現状分析的研究があるが、1990年前後の構造転換を意識したものとして、青木健『アジア太平洋経済圏の生成』(中央経済社、1994年)をあげておく。

18　『通商白書』1988年版、216-17頁。

19　金子文夫「ODAによる経済利益の確保」(村井吉敬編『徹底検証ニッポンのODA』〔コモンズ、2006年〕)。

20　海外経済協力基金編『海外経済協力便覧』1983年版、414-15頁。

21　『通商白書』1989年版、300-01頁、1988年版、235-36頁。

22　『通商白書』1988年版、216頁。

23　『通商白書』1989年版、275頁。

24　羽場久美子『グローバル時代のアジア地域統合』(岩波書店、2012年)。清水一史「ア

ジア危機とその後のASEAN・東アジア」(和田春樹他編『岩波講座　東アジア近現代通史』10〔岩波書店、2011年〕)。
25　2000年代の地域統合構想については、大庭三枝「アジアにおける地域共同体構想の変遷」(前掲『岩波講座　東アジア近現代通史』10)、さらに最近の動向については、助川成也「東アジア広域経済圏構築の動きとその課題」(山澤逸平他編『通商政策の潮流と日本』〔勁草書房、2012年〕)参照。
26　IMF, World Economic Outlook Database (http://www.imf.org/external/pubs/ft/weo)。
27　JETRO「世界貿易マトリクス」。東アジアの範囲は、日本、中国、韓国、台湾、香港、ASEAN(1985年は5カ国、2010年は10カ国)。
28　中国とASEAN、韓国との貿易・投資動向については、大西康雄編『中国・ASEAN経済関係の新展開』(アジア経済研究所、2006年)参照。
29　『通商白書』2011年版、95頁。
30　ユベール・エスカット、猪俣哲史編『東アジアの貿易構造と国際価値連鎖』アジア経済研究所、2011年。関連する研究は多数あるが、さしあたり、藤井洋次『東アジアにおける製造業の発展と構造変化』(創風社、2011年)、川上桃子「東アジアの生産分業と企業間リンケージ」(前掲『岩波講座　東アジア近現代通史』10)、平塚大祐『東アジアの経済統合─理論と実際』(アジア経済研究所、調査研究報告書、2010年3月〔http://www.ide.go.jp/Japanese/Publish/Download/Report/2009/2009_417.html〕)参照。
31　『通商白書』2011年版、41頁。中国の外資導入戦略については、片岡幸雄『中国の対外経済論と戦略政策』(溪水社、2006年)参照。
32　前掲『東アジアの貿易構造と国際価値連鎖』100-01頁。なお、2012年に発売されたiPhone5の部品の50％以上は日本企業製という興味深い調査もある(『朝日新聞』2012年10月6日)。
33　飯島寛之「減速するアジア経済と「揺れる」日本」(山口義行編『終わりなき世界金融危機』〔岩波書店、2012年〕)。
34　中国が東アジアへの輸出を伸ばし、東アジア経済圏が自足度を高めるという展望を示唆する研究も現われている(Yoko Uchida and Satoshi Inomata, Vertical specialization at the time of economic crisis, in Satoshi Inomata ed., *Asia beyond the Global Economic Crisis,* Edward Elgar, 2011.)。
35　これに関する文献も多数にのぼる。さしあたり、渡辺利夫編『東アジア市場統

合への道』(勁草書房、2004年)、坂田幹男・唱新編『東アジアの地域経済連携と日本』(晃洋書房、2012年)参照。

36　詳しくは、石川幸一他編『ASEAN経済共同体』(ジェトロ、2009年)参照。
37　外務省アジア太平洋局地域政策課「東南アジア諸国連合(ASEAN)の基礎知識」2007年版 (http://www.mofa.go.jp/mofaj/area/asean/pdfs/gaiyo_02pdf)。
38　アジア通貨危機については多くの研究がある。さしあたり、荒巻健二『アジア通貨危機とIMF』(日本経済評論社、1999年)、奥田宏司『円とドルの国際金融』(ミネルヴァ書房、2007年)第8章、参照。
39　奥田宏司『現代国際通貨体制』(日本経済評論社、2012年) 270-73頁。
40　岸本周平「新宮澤構想の使命とアジア通貨基金」(『ファイナンス』1999年5月号)。
41　概略は、栗原毅「ASEAN+3地域金融協力―10年の成果と今後の課題」(『国際金融』1228号、2011年9月)参照。
42　財務省ウエブサイト「チェンマイイニシアティブ(CMI)報道発表等」(http://www.mof.go.jp/international_policy/financial_cooperation_in_asia/cmi/pressrelease/index.html)。
43　財務省ウエブサイト「第15回ASEAN+3(日中韓)財務大臣・中央銀行総裁会議共同ステートメント」2012年5月3日 (http://www.mof.go.jp/international_policy/convention/asean_plus_3/as3_230503.pdf)。
44　清水聡『アジアの域内金融協力』(東洋経済新報社、2009年)、小川英治編『アジア・ボンドの経済学』(東洋経済新報社、2009年)等参照。
45　21世紀政策研究所「アジア債券市場整備と域内金融協力」2011年2月、10頁 (http://www.21ppi.org/pdf/thesis/110415.pdf)。
46　『日本経済新聞』2010年11月25日。
47　『朝日新聞』2011年4月25日、2012年5月29日。
48　円の国際化については、さしあたり、上川孝夫・今松英悦編『円の政治経済学』(同文館、1997年)、奥田前掲『現代国際通貨体制』第9章、参照。
49　人民元国際化の動向については、野村資本市場研究所「中国の人民元国際化に向けた動きに関する調査」財務省委託調査、2009年12月 (http://www.mof.go.jp/international_policy/research/fy2009tyousa/2112chinatyousa.htm) 参照。
50　伊藤隆敏他編『東アジア通貨バスケットの経済分析』(東洋経済新報社、2007年)参照。
51　奥田前掲『現代国際通貨体制』第10章。

52　『日本経済新聞』2010 年 11 月 6 日夕刊、2012 年 10 月 12 日夕刊。
53　『朝日新聞』2011 年 10 月 17 日、2012 年 3 月 13 日。
54　周小川「関于改革国際貨幣体系的思考」2009 年 3 月 23 日（中国人民銀行 http://www.pbc.gov.cn/publish/hanglingdao/)。
55　詳しくは、金子文夫「20 世紀の東アジア経済圏」(第 10 回東アジア経済史シンポジウム報告集『東アジアにおける経済発展パターンの比較』〔現代日本経済史研究会、経営史研究所、2012 年〕) 参照。
56　堀前掲『東アジア資本主義史論Ⅰ』。
57　中国の民主化については、唐亮『現代中国の政治』（岩波書店、2012 年）参照。

あとがき

松本　武祝

　2011年11月に、今期の政治経済学・経済史学会研究委員会がスタートした。2012年6月30日に東京大学経済学部で開催された春季総合研究会が、今期研究委員会にとって、春季総合研究会と秋季学術大会を通じて最初の企画であった。本書は、その研究会での発表と討論を受け、報告者とコメンテーターの方々にあらためて論稿として執筆していただいたものである。

　今期の研究委員会発足当時、ヨーロッパでは、ギリシャの金融危機が政治問題へと転化してギリシャのユーロ離脱さえ現実味を帯びていた。さらに、イタリア・スペインなどユーロ圏の他国にも金融危機が波及しつつあった。こうした状況をふまえて、第1回目の研究委員会では、ユーロ危機として表出しているところの国際金融システム問題を2012年度春季総合研究会のテーマとすることを決定した。

　時事的な経済トピックに対し、歴史的、構造的視点から批判的な分析枠組みを提示することが、この学会の特長であり、また積極的に果たしてゆくべき社会的役割でもある。このような課題意識にもとづいて、2009年6月の春季総合研究会では「世界金融危機の歴史的位相」というテーマが設定された。この学会において、金融危機という時事的なトピックを取り上げた直近の取り組みであった。2009年6月の研究会では、当時「100年に1度」といわれたリー

マン・ショックを契機とする金融危機に対し、まさに100年というタイム・スパンを設定して歴史的視点から重層的な分析が試みられた。この直近の成果と今回の研究会との関連性あるいは今回の研究会の独自性をどのように設定するのか、が、今次の企画にあたってのポイントとなった。

　2009年春季総合研究会では、リーマン・ショックの震源地であったアメリカだけに対象を限定せずに、国際金融システムの不安定性という分析枠組みを設定して、世界システム論や東アジア（中国）にも分析対象を広げて報告と討議をおこなった。しかし、その重要性にもかかわらず、ユーロ圏の問題を正面から扱うことができなかった。2011年の企画開始の時点では、ユーロ圏が国際金融システム問題のまさに焦点として浮上していたことから、今回の研究会においては、ユーロ危機を議論の中心に据えることで、まずは2009年の研究会との連関性および独自性を確保することとした。他方では、論点をユーロ危機という目の前に現れた現象に限定するのではなく、国際金融システム（あるいはノン・システム）問題という文脈において広く捉えかえす、また歴史的視点を重視する、という分析枠組みを設定することを確認した。その点では、2009年の研究会のそれを踏襲するものとなった。

　そのうえで、より具体的に、どの地域を対象として報告を組み建てるのか、さらにはそれぞれの報告が共有すべき分析課題をどのように設定するのかに関しては、矢後和彦委員（研究委員会副委員長）をまとめ役とするプロジェクト・チームに委ねることとした。ヨーロッパ金融史の研究者である矢後委員という適材を得たことで、対象地域の設定および報告者・コメンテーター候補のリストづくりは順調に進んだ。そして、幸いにも4名の方に報告を、2名の方にコメントを、それぞれ引き受けていただくことができた。

　さらに、矢後委員のほうからは、分析課題として「システム危機」というキーワードが提示された。それは、本学会において研究蓄積のある「システム社会」論の問題構制をふまえたうえで、金融システムという局面に課題設定を局限するのではなく、国際金融システムの動揺が国民国家を単位とする「システム社会」の安定性をその深部においていかに毀損しているのか、という水準での課

あとがき

題設定を目指すものであった。2009年の研究会とは異なる、独自の課題設定であるといえる。「100年に1度」のはずであった金融危機に、わずか数年後、再び直面するという状況に我々は陥っている。2009年以後に表出してきた状況をふまえて、国際金融システムの現段階における特質を剔出するためのアプローチとして、新たな分析課題が提示されたといえる。

　今回の企画で研究委員会が提示したテーマ設定、分析枠組みそして分析課題が有効なものであったのか、研究委員会での問題意識を報告者やコメンテーターの方々がどの程度共有することができていたのか、その評価は本書の読者各位に委ねたい。一点だけ私個人の感想を述べると、討論の中で、「特定通貨圏の金融システムが危機に陥る事態が繰り返されてきたものの、その間世界資本主義は、1つのシステムとしては、資本蓄積を遂げ続けていると捉えるべきではないか」というコメントが、各報告者さらには課題設定を行った研究委員会に対して提起されたことで、春季総合研究会での討議のレベルが引き上げられたのではないかと思う。"あたかも永遠に循環し続けるかのように"資本主義システムをいったんは描写しようとする宇野原理論のような発想を以ってすれば、こうしたコメントはそれほど目新しいものではないのかもしれないが、本学会の伝統的な議論の枠組みからすれば、やはり、重大かつ重要な問題提起であったといえるのではないだろうか。まさに「システム危機」が問われるべき位相が、論点として浮上したということができよう。

　春季総合研究会の閉会辞においては、私は、このコメントをうけて、システムとしての資本主義が、金融危機を繰り返し随伴しつつも、むしろそれを奇貨として資本蓄積を遂げる過程で、貧困・失業問題など国民経済内部の矛盾が深化し、そのことが排外的ナショナリズムと結びついて政治過程において強硬な国家主義として表出しているのではないか、という問題提起を行った。その際、具体的な事例として、いわゆる「従軍慰安婦」補償問題解決のための外交努力を怠ってきたとして韓国憲法裁判所から違憲判決を下された韓国政府が、当該問題の解決を日本政府に対して促したのにもかかわらず、日本政府はそれを無視していること、あるいは、何ら法的根拠なしに高校授業料無償化政策の対象

から朝鮮高等学校が除外されている問題がこの間長い間放置されていること、こうした政府レベルでの無視・放置の背景に日本の強硬な排外的・世論の存在があること、に言及した。

　この時点で私は、独島/竹島および尖閣諸島の領有権をめぐる日韓間と日中間での激しい対立がこの年の夏に起こることを全く想定していなかった。さらに12月に衆議院選挙が行われて対韓・中強硬路線を採る右派勢力が議席数を大幅に伸ばすという事態も予想を超える出来事であった。

　総力戦体制の下で「システム社会」化を推し進めた日本は、敗戦後は、「平和主義」をエクスキューズとして天皇制を守り抜きつつ、福祉国家というもう1つの「システム社会」への転換を遂げていった。冷戦構造の成立によって、日本は、かつて侵略と植民地支配を行った近隣諸国から植民地支配責任・戦争責任を徹底的に問われる機会を得ることはなかった。また、自らに厳しく問うこともしなかった。冷戦下アジアでの2つの"熱戦"に対しては、(沖縄を除く)日本は、アメリカ軍の"後衛"としての役割を引き受けることによって「平和主義」を堅持した。冷戦終結の後（ただし、朝鮮半島と中国の分断は依然として継続している）、日本帝国の植民地支配と侵略戦争に関する歴史認識および戦後補償を問う声が近隣諸国から上がったのにもかかわらず、日本の政府と社会はそれに充分に応答することはなかった。

　バブル崩壊後の経済の長期的停滞に1998年および2008年の金融危機が加わって、戦後日本の福祉国家＝「システム社会」としての姿は、変容していかざるをえなかった。上述のように、貧困・失業問題などの国民経済内部の深刻な問題が排外的ナショナリズムに結びついて一連の国家主義的な政治的出来事として表出していると考えられる。敗戦後今日に至るまで、侵略戦争と植民地支配に関する歴史認識を近隣諸国の人々と共有しながら、自らの植民地支配責任・戦争責任を主体的に問おうとする姿勢が日本社会において脆弱であったという"（無）経験"が、そうした結びつきを容易にしてしまっているといえよう。「システム危機」における「危機」の中身が、まさに今問われているのである。

　末尾ながら、2012年6月の春季総合研究会において報告とコメントを引き

あとがき

受けていただき、そのうえ本書各章の執筆を担当していただいた方々に、改めてお礼を申し上げたい。なお、本書の構成は、研究会当日の報告・コメントの順番とは若干異なっている。増田正人氏のコメントがテーマ設定それ自体にかかわるものであったことを踏まえて、本書では増田論文を矢後委員による趣旨解題の前に据えることとした。ご了解いただきたい。

また、矢後委員には、春季総合研究会から本書の出版に至るまで、企画の中心的な役割を果たしていただいた。感謝申し上げたい。出版状況のますます厳しい中で、本書のような地味な学術書の出版を引き受けていただき、編集作業も担当していただいた蒼天社出版社長の上野教信さんに厚くお礼を申し上げたい。

2013 年 2 月 28 日
政治経済学・経済史学会研究委員長
松本　武祝

大会の記録

記録担当者
坂東　義徳
杉山 遼太郎

会　報

政治経済学・経済史学会 2012 年度春季総合研究会報告

システム危機の歴史的位相

ユーロとドルの危機が問いかけるもの

日時：2012 年 6 月 30 日（土）13：00 ～ 17：00
場所：東京大学大学院経済学研究科棟　地下第 1 教室
問題提起：「システム危機の歴史的位相―ユーロとドルの危機が問いかけるもの―」
　　　　　　　　　　　　　　　　矢後和彦（早稲田大学）
報告 1：産業危機とヨーロッパ統合―戦後フランス政府の危機対応戦略―
　　　　　　　　　　　　　　　　石山幸彦（横浜国立大学）
報告 2：ユーロ危機とイギリス―通貨統合不参加の背景と影響―
　　　　　　　　　　　　　　　　菅原歩（東北大学）
報告 3：アメリカの対外経済政策と成長モデル
　　　　　　　　　　　　　　　　大橋陽（金城学院大学）
報告 4：グローバル危機と東アジア経済圏　金子文夫（横浜市立大学）
コメント 1：　　　　　　　　　　　　佐藤隆広（神戸大学）
コメント 2：　　　　　　　　　　　　増田正人（法政大学）
司会：　　　　浅井良夫（成城大学）・大杉由香（大東文化大学）

大会の記録——「会報」政治経済学・経済史学会 2012 年度春季総合研究会報告

Ⅰ．問題提起、報告、コメント

　まず、問題提起者の矢後和彦氏から以下の課題が提示された。①ユーロ圏と基軸通貨ドルが直面している危機の総体を「システム危機」ととらえ、この「システム危機」の歴史的位相を歴史学的あるいは社会科学的に検証すること、②かつて山之内靖氏が掲げた国際金融の問題と農業・土地問題はいかに関わるか。
　続いて、4 氏による報告がなされた。報告ののち、二つのコメントが呈示された。
　佐藤隆広氏は、周辺国であるインドをシステム危機に関連付け以下のようにコメントした。2008 年の世界同時不況以前、インドは海外からの長短盛盛んな投資により株価や地価が急騰し、需要の拡大とサービス産業化が進行して経済成長を果たした。しかし世界同時不況後は旺盛だった海外資本が逃避し、資産価格や為替レートが下落、輸出も減退した。そこで政府は財政と金融の両面から拡張的マクロ経済政策を大胆に実施した。2010 年後半から出口戦略として金融の引き締め及び財政赤字の縮小を図る中で欧州危機が発生した。株価低下と同時にインフレが進行し、再び資本逃避が発生し為替レートも下落した。政府や中銀は、過大な公的債務残高やインフレの再燃といった問題を抱えている。またインドの資本自由化は、過去の成長につながったモデルであると同時に危機を招く条件ともなり、その持続可能性が問われている。
　増田正人氏は現状のグローバル・インバランスや経済は本当に「危機」と呼びうるか問うた。先進国の低成長の一方で途上国では好循環の下 6 〜 7% の経済成長が維持されており、また金融の不安定性はあるものの公的な信用供給がなされ結果として経済が復調するという一連の流れは経済循環に過ぎず、アメリカが量的緩和を繰り返し実行すれば循環は維持しうるのではないかと問う。また財政と中銀の施策によって流動性供給が急激な不均衡を抑制するという対応は危機への一時的なものか今後も続くものかを問い、90 年代以降の周辺国では通貨・金融危機は頻発したが大きな問題とはされないとし、アメリカでリー

マン・ショックが発生したことと今日の問題の対比について意見を求めた。またグローバルな経済の下、危機は発生し国際的な対応がなされること、資本の都市部への集中と生産拠点の途上国への移行は不可避でありインバランスは定常化しているともいえることを挙げ、このような構造はどのように持続されうるのか、また現状のギリシャが求められている緊縮財政に人々は耐えうるのか、と疑問を呈した。

Ⅱ．討論

討論の部では多岐に渡る質問や意見が提示された。整理都合、一部順番を変えてある。

石山報告に対し、高嶋修一氏（青山学院大学）より、かつて欧州では危機に際し商品市場や労働市場における調整が行われていたが、現在ではもっぱら金融的な側面が注目されるという違いは何故かとの質問があった。これに石山氏は、70年代までは農業や石炭など斜陽化した特定の部門で危機が発生し、今日的な金融や通貨の問題は存在せず、80年代にも金融の進歩は途上で、鉄鋼など一部の領域で危機的状況が発生することはあるものの現在のような金融問題はなかったと回答した。

大橋報告に対し、須藤功氏（明治大学）よりアメリカ大統領経済諮問委員会（以下CEA）の成長戦略は財務省や連邦準備制度など他の連邦機関と一致していたか、との問いが出された。これには、CEAの位置づけは時代によって変わり、今では成長戦略を提唱するというより補助的役割にシフトし、他の経済関係省庁の考えを重視しながらCEAの報告書を作成しているとの回答があった。他に、現在のユーロ危機の要因は2002年から08年のアメリカのグローバル・インバランス期には既に形成されつつあったという見方に意見を求める石井寛治氏（東京大学名誉教授）に対し、大橋氏は、グローバル・インバランスがリーマン・ショックを惹き起こしたという点は議論が残るが、金融危機の原因として金融規制や監督に問題があり、欧州とアメリカの相互連関性が高まっていた

ことから、リーマン以前からその土壌は作られていたとの考えを示した。

　金子報告に対し、柳沢遊氏（慶應義塾大学）は、資源、エネルギー、環境、食料における危機が、域内貿易が進む東アジアでどのような意味を持つかを問うた。金子氏は、長期かつ大きな問題であり、短期的には新興国や中国が世界経済に果たす役割は大きくなるとの見解を示した。

　個別の質疑の後、問題提起に関連してまず伊藤正直氏（東京大学）よりG20の位置付けを巡る複眼的な論点が提示された。金融サミット、財務省・中央銀行総裁会議で危機脱出の方策としてアングロ・サクソン的思考と大陸ヨーロッパ的思考の間に対立がみられ、ロスカボス（2012年6月開催）では欧州金融危機に対して「何でもやる」と声明があったが、アメリカが資金拠出を拒否した。そこでG20で議論されている危機対策をどう評価するかという点を軸に、①アメリカの行動、②イギリスの立場、③G20に参加しているBRICs、イスラム諸国、ASEAN、南アフリカの位置、をどう考えるか問うた。①に対し大橋氏は、アメリカはヨーロッパの危機に対し一貫して距離をとっており、グローバルな危機ではなく自国の成長を妨げる致命的な要因とも考えず、そのため欧州各国の努力やECBの行動を監視するというスタンスをとっていると述べた。②に菅原氏が答え、2011年12月のEU首脳会議にてイギリスが財政規律強化に反対したのは財政だけでなく、仏や独の金融規制アプローチに全く同意できないためであり、ユーロ危機の対処においても、欧州内に立場の違いが明確にあることを論じた。③に金子氏はBRICSの動向は新しい時代への転換を意味するが、実際のG20の会議での役割は大きくないとの見方を示した。佐藤氏は③に対しインドの立場を説明した。インドにとってG20への参加はステイタスであり途上国のリーダーとして意見を代弁する場であると述べBRICS（南アフリカを含む）は経済、人口ともに大規模で、BRICSサミット開催BRICS銀行創設など新機軸として大きな存在となっていることを述べた。各氏の回答の後、伊藤氏は、長期の構造転換を示す一つの指標としてG20を考える可能性を提示した。1970年代から90年代までのアメリカを中心とし、その周辺にECや日本、新興国、途上国があるという同心円的構造がリーマン・ショッ

クでもはや立ち行かなくなり、BRICS やイスラム金融、ASEAN が経済主体ないし、世界経済の意思決定主体として登場し G20 でも存在感を高めていることを指摘した。

渡辺尚氏（京都大学）は、ギリシャの危機と対照的にドイツは自動車の対中輸出が急増している事実を引き合いに、中国をはじめ欧州内に止まらない多面的議論や欧州危機の外生的問題の重要性を強調した。これに金子氏は、中国は多くの工業製品を欧州へ輸出しており欧州危機は中国にとっても問題であり、中国は IMF を通じる形や二国間で欧州への資金援助によって貢献を果たそうとしていると答えた。また石山氏は、欧州危機は域内を超えた問題であると同意し、中国やインド、BRICS、G20 のようなグローバルな対応が危機解決や未然の防止には不可欠であるとした。

伊藤氏、石井氏はアメリカの資本収支やドルの過剰流動性の問題に言及した。伊藤氏は、大橋報告にあったアブソープション・アプローチをもってグローバル・インバランスを捉え、アメリカ外の貯蓄超過や国内の経常収支赤字が存在するという認識より、金融勘定の規模が拡大した現下では、マネタリー・アプローチによって過剰ドルを説明する方が有効ではないかと述べた。石井氏はドルの問題に長期的・歴史的な視点が欠けていることを指摘した。具体的には、米ドルを巡るプラザ合意や 2000 年代の金融緩和などが歴史的連続性や世界的な意味を持っていたとし、ドルの世界的な信用拡大に欧州も巻き込まれていたとすれば、ドルの問題とユーロの問題はリンクしシステム的議論になると説明した。これらの発言に大橋氏は同意した上で、口先介入に止めていたアメリカが、日本の 2004 年の溝口・テーラー介入による金融緩和を容認したこと、2001 年以降の規制緩和の連続が過剰流動性の原因となったと論じた。

司会の浅井氏がユーロとドルの関係について意見を求めたことに矢後氏が応え、ドルとユーロの危機との媒介として欧州の大手銀行の行動をみる必要があるとした。つまり非常に高いエクスポージャーと吸収合併を繰り返し、巨大化したことに特徴づけられる欧州銀行のグローバル・インバランス下での過剰流動性を運用するというビジネスモデルの限界が危機の端緒として媒介している

と述べた。ここで井上巽氏（二松学舎大学）は、次に出てくる通貨が不明な点でポンドの没落とは異なるのだが、基軸通貨ドルの没落という世界史的な流れの中でユーロ危機を捉える事が重要であるとした。

　問題提起を巡って、秋元英一氏（帝京平成大学）と権上康男氏（横浜商科大学）が福祉国家や社会と関連した論点を提示した。秋元氏は、世界各地で福祉国家が立ちいかなくなり、金融の危機と併せて福祉の危機でもあるとの意見を提示した。権上氏は、欧州の市民社会がシステム社会に生きていることを自覚し、新自由主義や情報戦略が徹底された現下で歴史を動かす主体としての役割を放棄したとの考えを述べた。

　ここで「システム」という言葉の定義に言及したのは原朗氏（首都大学東京）であった。原氏は、生物学や工学それに地質学における「システム」の用い方に照らし合わせたうえで、言葉の定義に追加説明を求めた。これを受け矢後氏は、長期持続の歴史の位相が繰り返されるという「ネオ・ブローデリアン」の見方には同意できないとし、かつて山之内氏は、我々はあるシステム社会に入っており抜け出すことができないとしたが、その後グローバル化や金融、新興国という新たな主題が入り、かつてのシステムは崩れかけているとした。また氏は、「自由」と「規制」の二分法を超えた論点を訴え、マクロ・プルーデンスといった「調整」、金子勝氏の言い方によると不安定性との取引の中で安定性を確保させることがありうると述べた。また「国家と市場」の二分法の間には大きな要素として「社会」があり、「自由と規制」の二分を超えた「調整」といかに関わるかが重要であるとした。井上貴子氏（大東文化大学）は、経済問題が先行し社会問題が希薄化していると論及し、精神、文化、社会的な公共性を前提にしていた従来の経済圏とは違いBRICSなどは経済面から始まり文化・政治的に転換していると述べた。

　小野塚知二氏（東京大学）は、システム社会の変化について、政策担当者をはじめシステムに生きる主体は、変化の先を展望し得るのか否か、またいかなる変化の設計がありうるか、明瞭なアイデアを求めた。また増田氏に対し、氏の指摘通りならば、我々は万年危機状況を生きるということになるのかとい

う解釈に意見を求めた。永瀬順弘氏（桜美林大学名誉教授）は国際金融危機と農業や土地の問題がどのようにリンクするかについて報告者に補足を求めた。権上氏は、小野塚氏ならびに矢後氏の発言を捉え、弁証法の終焉が叫ばれた1990年代以来の社会の変移を総括することが重要であると述べた。

　以上でフロアからの発言は終了し諸氏の発言に各報告者が総論として応えた。

　増田氏は小野塚氏に応え、リーマン・ショックからユーロ危機にいたる過程をドルの没落とは考えず、むしろ国際的な決済のための国際通貨の必要性を果たすドルの重要性が際立っていると述べ、さらに不安定な場に公的な信用を供給しうるという意味では安定しており、危機とも捉えていないと論じた。他方で金融活動が生産や経済成長に結びついていないこと、実物面では新興国の成長が際立つグローバル経済の変容があることを挙げシステムの転換が始まっているとした。

　佐藤氏は、インドでの実地調査の結果を紹介し、グローバル資本と土地制度の関連に言及した。土地開発が進むインドの農村地帯の地価上昇率が高く、農業の生産性をはるかに上回っていると述べ、海外資本の流入が地価高騰の要因となり結果的に働き手の勤労意欲を低下させている現実を示した。

　金子氏は、変化について実体経済では生産の基盤は新興国へ拠点が移り、先進国は金融部門を蓄積の基盤としているとし、国際通貨ではドルが利用される比率は今後低下が予想されるものの、代替する他の通貨は見当たらないと説明した。また直接生産者との関連では、電子機器大手フォックスコンの中国工場で自殺者が増加していることを例に、工業の成長の裏に労働者の苦難が存在している問題を指摘した。

　大橋氏は基軸通貨問題に言及し、ドルの価値が趨勢的に落ちてはいるものの、それが直接危機とはならず、ドル危機による基軸通貨の交代はないとし、むしろドルは周辺国まで流動性を供給できる唯一の通貨でありFRBは世界銀行のような形で行動する必要があると述べた。

　菅原氏は、実体経済の地盤が新興国に移った下で次の設計となるが、先進国

では明確なアイデアは見えず福祉国家が解体され、生活水準の低下を余儀なくされると述べた。ドルとユーロの関係に言及し、ギリシャ危機の前まではドルが衰退しポンドとドルの関係に近いことになったのだろうが、ユーロが自滅し基軸通貨問題が皆自分からなくなったとした。

石山氏は設計について、明確には描きにくいとしつつも、ドイツでは新興国が今後中心になることを認識し、欧米中心の社会が変わることを自覚していると論じた。さらに欧州諸国が相対的に衰退する中で福祉国家は存立が困難となり、労働運動においてはかつてのような無法な行動はみられず、国民国家ではなくEUのような地域化が進行すると述べた。

矢後氏は議論を概括し残された課題を提示した。一点目は、ユーロ危機とドル危機の内的な関連であり、ドルやユーロの通貨金融危機をグローバルに基軸通貨論の中で把握する必要性とした。二点目は、システム危機や現下の危機に公共や労働といった多様な人間観に基づく論点を包含する可能性とした。

最後に松本武祝研究委員長は日本と韓国・朝鮮との関係を例に挙げ、国民国家を危機に陥らせてでも資本蓄積を続けるグローバルな経済・金融システムは時に社会に偏狭的なナショナリズムを醸成する可能性を孕んでいるとし、そのうえで「システム社会」という視点を取り入れた本研究会の有効性を評価し総括した。

出所：『歴史と経済』217号（2012年10月）。
注：本稿については原書を尊重し、特に用語統一を行っていない。ただし、政治経済学・経済史学会よりご承諾を得たうえで、一部修正した箇所もある。

【執筆者略歴（アイウエオ順）】

石山 幸彦（いしやま ゆきひこ）――第2章
　現在、横浜国立大学大学院国際社会科学研究院。主要著書・論文に、『ヨーロッパ統合とフランス鉄鋼業』（日本経済評論社、2009年）、「ヨーロッパ石炭鉄鋼共同体における新自由主義」（権上康男編『新自由主義と戦後資本主義』日本経済評論社、2006）などがある。

大橋 陽（おおはし あきら）――第4章
　現在、金城学院大学国際情報学部。主要著書・論文に、「大恐慌期におけるE・A・ゴールデンワイザーの経済政策思想と真正手形主義」（『アメリカ経済史研究』第9号、2011年3月）、「フリードマン＝シュウォーツ『大収縮』の批判的検討」（『一橋論叢』第125巻第6号、2001年6月）などがある。

小野塚 知二（おのづか ともじ）――序文
　現在、東京大学大学院経済学研究科。主要著書・論文に、『自由と公共性――介入的自由主義とその思想的起点』（日本経済評論社、2009年）、『クラフト的規制の起源――19世紀イギリス機械産業』（有斐閣、2001年）などがある。

金子 文夫（かねこ ふみお）――第5章
　現在、横浜市立大学国際総合科学群。主要著書・論文に、『トヨタ・イン・フィリピン』（共著、社会評論社、2008年）、『近代日本における対満州投資の研究』（近藤出版社、1991年）などがある。

菅原 歩（すがわら あゆみ）―― 第3章
　現在、東北大学大学院経済学研究科。主要著書・論文に、「イギリス対外投資におけるカナダの位置」（『社会経済史学』第66巻第5号、2001年）、『アメリカ政治経済論』（共著、ミネルヴァ書房、2012年）などがある。

増田 正人（ますだ まさと）―― 問題開示
　現在、法政大学社会学部。主要著書・論文に、新岡智・板木雅彦・増田正人編『国際経済政策論』（有斐閣、2005年）、上川孝夫・新岡智・増田正人編『通貨危機の政治経済学』（日本経済評論社、2000年）などがある。、

松本 武祝（まつもと たけのり）――あとがき
　現在、東京大学大学院農学生命科学研究科。主要著書・論文に、『朝鮮農村の＜植民地近代＞経験』（社会評論社、2005年）、『植民地権力と朝鮮農民』（社会評論社、1997年）などがある。

【大会の記録――記録者】

坂東 義徳　　（ばんどう・よしのり）　　首都大学東京大学院社会科学研究科博士課程

杉山 遼太郎（すぎやま・りょうたろう）東京大学大学院経済学研究科博士課程

【編著者略歴】

矢後 和彦（やご かずひこ）──第1章
現在、早稲田大学商学学術院。主要論文に The Financial History of the Bank for International Settlements (Routledge, 2013)、『国際決済銀行の20世紀』（蒼天社出版、2010年）、『国際金融史』（上川孝夫氏との共編、有斐閣、2007年）、『フランスにおける公的金融と大衆貯蓄』（東京大学出版会、1998年）などがある。

システム危機の歴史的位相──ユーロとドルの危機が問いかけるもの

2013年4月15日　初版第1刷発行

編著者　矢後　和彦
発行者　上野　教信
発行所　蒼天社出版（株式会社　蒼天社）
　　　　101-0051　東京都千代田区神田神保町3-25-11
　　　　電話 03-6272-5911　FAX 03-6272-5912
　　　　振替口座番号　00100-3-628586
印刷・製本所　厚徳社

©2013　Kazuhiko Yago ed.
ISBN 978-4-901916-34-9 Printed in Japan
万一落丁・乱丁などがございましたらお取り替えいたします。
R〈日本複写権センター委託出版物〉
本書の全部または一部を無断で複写複製（コピー）することは、著作権法上での例外を除き、禁じられています。本書からの複写を希望される場合は、日本複写センター（03-3401-2382）にご連絡ください。

【蒼天社出版の本】

バーゼルプロセス──金融システム安定への挑戦

渡部　訓　バーゼル銀行監督委員会で「自己資本比率規制」に携わった著者が、BISアーカイブス・内部資料を駆使し、安定した金融システムの構築に挑戦する同委員会のプロセスを紹介。　　　A5判 本体価格 3,200 円＋税

国際通貨制度論攷

島崎久彌　29年前に金融自由化をカジノ化と批判した著者の論考は今も一向に色あせることがない。第Ⅱ部の1980年代における国際通貨制度の改革論議は、金融危機後の制度改正を考えるうえで格好のモデルを提供するであろう。
　　　　　　　　　　　　　　　　　　　A5判 本体価格 5,200 円＋税

現代証券取引の基礎知識

国際通貨研究所糠谷英輝編／糠谷英輝、佐藤信、髙力渉著
証券取引の実態を取引、清算、決済からコーポレートアクションまで、世界的な動向と基本的な仕組みが解かる手引書。研修、大学テキストにお奨め。
　　　　　　　　　　　　　　　　　　　A5判 本体価格 2,400 円＋税

銀行の罪と罰──ガバナンスと規制を求めて

野﨑　浩成　銀行経営者が持つ金銭欲や名誉欲などの欲求をガバナンス、銀行規制、行動経済学などの視点から分析し、正しい方向へ導く政策設計を行なう。
　　　　　　　　　　　　　　　　　　　四六判 本体価格 1,800 円＋税

多国籍金融機関のリテール戦略

長島　芳枝　成長が著しいリテール金融。世界的金融機関であるシティグループ、HSBC、バンク・オブ・アメリカのリテール戦略を、シティバンクなど個人金融部門ビジネスプランニング・アナリストを経験した著者が詳細に著わす。
　　　　　　　　　　　　　　　　　　　A5判 本体価格 3,800 円＋税

国際決済銀行の20世紀

矢後和彦　BISや各国中央銀行の一次資料に依拠して、国際金融と経済史を融合した独創的な歴史像を呈示。中央銀行間協力の諸相、株式銀行としてのBISの営業活動、BISの政策に影響を与えたBISの担い手たちの人物像などが克明に記される。
A5判 本体価格 3,800円+税

サウンドマネー　BISとIMFを築いた男、ペール・ヤコブソン

アンドリュー・クロケット序文／吉國眞一・矢後和彦監訳、ほか石坂綾子、伊藤カンナ、梅田雅信、菅原歩、藤田憲、渡部訓訳　戦前は国際決済銀行のチーフ・エコノミストとして、戦後は国際通貨基金の専務理事として、現在の国際金融協力体制の基礎を築いたペール・ヤコブソンの「健全通貨」に捧げた生涯の記録。
A5判 本体価格 4,500円+税

拡大するイスラーム金融

糠谷英輝　イスラーム金融拡大の背景、イスラーム金融を理解するために不可欠なイスラーム教の金融原則に関する基本知識から、イスラーム銀行、金融市場などのイスラーム金融拡大の動向までを実際的に紹介する。
四六判 本体価格 1,800円+税

HSBCの挑戦

立脇和夫　140年前の幕末開港期、日本に上陸し、日本の近代銀行業務に大きな影響力をもたらしたHSBCの輝かしい軌跡を、HSBC提供のデータなどを使用した書き下ろし。
四六判 本体価格 1,800円+税

外国銀行と日本

立脇和夫著　日本の近代化の夜明けとともに外国為替業務を一手に担った在日外国銀行の役割には、戦後のインパクトローンの供与など計りしれぬものがあり、その140年の歴史を克明に著わした。

四六判 本体価格 3,200円+税

【蒼天社出版の本】

アジア外交 動と静

元中国大使中江要介オーラルヒストリー

著者　中江要介
編集　若月秀和・神田豊隆・楠綾子・中島琢磨・昇亜美子・服部龍二

A5判 本体価格 2,800 円＋税

本書は、外務省入省から中国大使にいたるまで、韓国、中国、台湾との重要な条約締結のすべてに携わった中江要介元中国大使の証言録であり、新進気鋭の研究者による戦後アジア外交史を紐解いた通史でもある。日中関係が揺れる最中、本書が示唆する意義は極めて大きい。

日中外交の証言

中江 要介 著

四六判 本体価格 1,800 円＋税

本書は、日中国交正常化、日華断交、日中友好条約のすべてに直接携わった元中国大使が、息詰まる交渉の内実を語った舞台裏の人間ドラマであり、著者の経験と提言に学ぶ点は多い。

国立国会図書館所蔵『GHQ/SCAP 文書目録』

全11巻（第11巻に検索 DVD 付）
荒　敬・内海愛子・林博史編集
揃価格（本体 420,000 円＋税）

＊推薦します──竹前栄治　驚くべき便利な検索目録
このたび、蒼天社出版から刊行された「GHQ/SCAP 文書目録」を使えば、読みたい資料をより効率的に検索でき、ワシントンに行かずに国立国会図書館で全資料を閲覧できるという、その意義は極めて大きく、率直に喜びたい。